Atlas des merveilles du MONDE

Textes : Dominique Joly
Illustrations : Emmanuel Cerisier

casterman

Conception et réalisation graphique : Cécile Chaumet
(http://zazanapoli.com)

Crédits photographiques :

4m Andre Klaassen/Fotolia. 8h Fabio Amorim/Fotolia. 8b Martin Kittner/Fotolia. 9md Natasha Owen/Fotolia. 9b Cosmopol/Fotolia. 10h Jason Maehl/Fotolia. 10b Karl Heinz Inger/Fotolia. 11h Dimitry Pichugin/Fotolia. 11m Laurent Vivier/Fotolia. 11b Jörg Jahn/Fotolia. 12b Nabil Biyahmadine/Fotolia. 13h Benja/Fotolia. 13b Urbanhearts/Fotolia. 14h Roman Kazmin/Fotolia. 14b Pascal Bierret/Fotolia. 15m Paul Steinmann/Fotolia. 15d Piotr Przeszlo/Fotolia. 15b Jean-Yves Péron/Fotolia. 16h Jens Hilberger/Fotolia. 16b Rock Haynes/Fotolia. 17mh Richard Connors/Fotolia. 17mb Philippe Coni/Fotolia. 17d Jan Rose/Fotolia. 17bg Ron Summers/Fotolia. 17bd Joan Albert Lluch Frances/ Fotolia. 18h Christopher Waters/Fotolia. 18b Nicolas Berthy/Fotolia. 19h James Steidl/Fotolia. 19m Alexvu/Fotolia. 19d Benjamin Fontaine/ Fotolia. 19b Thegarden/Fotolia. 21h DR. 21mh Jeffrey Colin/Fotolia. 21mb William Burnett/Fotolia. 21mg Gregory Kubatyan/Fotolia. 21b Alexander van Deursen/Fotolia. 21bg AnVer/Fotolia. 22b Christophe Testi/Fotolia. 23hd Elisei Shafer/Fotolia. 23md Werner Czekal/Fotolia. 23mg William Huisman/Fotolia. 24h Alexander Van Deursen/Fotolia. 24b et 25h Vladimir Kondrachov/Fotolia. 25m Brett Bouwer/Fotolia. 25md Scott Bufkin/Fotolia. 25bd Sacha Burkard/Fotolia. 28h et b Archives Casterman. 29h et b Archives Casterman. 30h Annabelle Lemarinier/ Fotolia. 30b et 31m Imagerepro/Fotolia. 31h Galam/Fotolia. 31mg Matthew Ragen/Fotolia. 31md Alfiofer/Fotolia. 32h et 33 bg Wai Heng Chow/ Fotolia. 32b et 33bd Jsanchez/Fotolia. 33h Jean-Louis Bouzou/Fotolia. 33hd Vladimir Pomortsev et Mirek Hejnicki/Fotolia. 33m Patricia Sarzi/ Fotolia. 34h William Burnett/Fotolia. 35h Cornel Stefan Achirei/Fotolia. 35m Archives Casterman. 36h Laurent Martiny/Fotolia. 37hm Gauthier Leprince/Fotolia et R. Mezger/Fotolia. 37hd Terence Walsh/Fotolia. 37mh Gautier Willaume/Fotolia. 37mb Qiangba Danzhen/Fotolia. 38h Slawek Slajack/Fotolia. 38b Nabil Biyahmadine/Fotolia. 39d et 39mb MajusCOOL/Fotolia. 39md Alena Yakusheva/Fotolia. 39mg Rebecca Capell/Fotolia. 39b Mike et Valerie Miller/Fotolia. 40h James Steidl/Fotolia. 41mg Bryce Newell/Fotolia. 41md Daniel G. Mata/Fotolia. 41h et b Archives Casterman. 42h Robert Lerich/Fotolia. 42b et 43h Archives Casterman. 43md et mg Steeve Roche/Fotolia. 43bd Alex Lapuerta/Fotolia. 43 bd RMarinello/Fotolia. 44h Javarman/Fotolia. 44b Christopher Waters/Fotolia. 45md et mg Jean-François Perigois/Fotolia. 45bd Simon Gurney/Fotolia. 45bmd Paul Bernshtam/Fotolia. 45bg et bm Vladislav Lebendinskiy/Fotolia. 46h Michal Wozniak/Fotolia. 46b et 47 Archives Casterman. 48h JC Frederico/Fotolia. 48b Dani Marin/Fotolia. 49h Electrozoid/Fotolia. 49m DR. 49bm Detlef Gwinner/Fotolia. 49bd Jean-Jacques Cordier/Fotolia. 50h Mark Breck/Fotolia. 50b Elena Aliaga/Fotolia. 51h Koi88/Fotolia. 51hd Pascal Bierret/Fotolia. 51md Digishooter/Fotolia. 51bd l@gui/Fotolia. 52h Jakzec/Fotolia. 52bg Christian13/Fotolia. 53h Kerstin Gruhn/Fotolia. 53mh Jean Cezard/Fotolia. 53md Carsten Meyer/ Fotolia et Dani Marin/Fotolia. 53mg Andrei Novikov/Fotolia et Yannis Papadimitrov/Fotolia. 53b Nabil Biyahmadine/Fotolia. 54h Christophe Baudot/Fotolia. 54m Carmello Fiorlo/Fotolia. 55 de h en b : Mikail Lavrenov/Fotolia. Fernando Roman/Fotolia. Joanna Muhlbauer/Fotolia. Graça Victoria/Fotolia. James Gibson/Fotolia. 56h Andre Klassen/Fotolia. 56b Archives Casterman. 57m de h en b : Paul Fisher/Fotolia. Alexander van Deursen/Fotolia. Archives Casterman. Wai Heng Chow/Fotolia. Natasha Owen/Fotolia. 57hd Dogan Kemanci/Fotolia. 58h et 59m Galyna Andrushko/Fotolia. 58b et 59h DR. 59d Grigory Kubatyan/Fotolia. 59b Archives Casterman. 60h Tobias Hirzel/Fotolia. 60b de g à d : Simone Gerdesmeier/Fotolia. Joao Saraiva/Fotolia. Matt Tromer/Fotolia. 61mh Yuli Azrelyan/Fotolia. 61mb de g à d : Nick Stubbs/Fotolia. Alexander Van Deursen/Fotolia. Thomas Snaaijer/Fotolia. Abdelhamid Essadel/Fotolia. 61b Svetlana Tikhonova/Fotolia. 64h Dan Bannister/Fotolia. 64b Francis Lambert/Fotolia. 65 h Thierry Maffeis/Fotolia. 65m de h en b : Richard Slack/Fotolia. Francesco Marino/ Fotolia. Yvan Delbecque/Fotolia. Chantal Ceccetti/Fotolia. 65b Dorothy Lam/Fotolia. 66h Arnaud Mouquet/Fotolia. 67h Eric Isselée/Fotolia. Alexander Shargin/Fotolia. 67m Frédéric Guillet/Fotolia. 67bg Tatiana Edrenkina/Fotolia. 67bd Archives Casterman. 68h Maria Pleshkova/Fotolia. 68b Archives Casterman. 69m VO/Fotolia. Vladimir Pomortsev/Fotolia. 69mb Elenathewise/Fotolia. 69bd Samuray/Fotolia. 70h Yumingstudio/ Fotolia. 70b Jean-Charles Crisci/Fotolia. 71g Eric Le Fichoux/Fotolia. 71bg Mirek Hejnicki/Fotolia. 71bd Danilo Ascione/Fotolia. 72b DR. 73h Stephane Tougard/Fotolia. 73mgh Ronen/Fotolia. 73md et mgb Qiangba Danzhen/Fotolia. 73bg Zhiqiang Hu/Fotolia. 73bd Vasyl/Fotolia. 74h Anna Cseresnjes/Fotolia. 75 de h en b : Xdrew/Fotolia. Kshitize Agrawal/Fotolia. Jordi Cubells Biela/Fotolia. Michael Bertagnolio/Fotolia. 76h Michael Knüfer/Fotolia. 76b et 77hd Archives Casterman. 77hm Antony Royer/Fotolia. 77m de h en b Archives Casterman. Gérard Véclin/ Fotolia (3 photos). 80h Albo/Fotolia. 81h Xavier Marchant/Fotolia. 81d Jade Ikin/Fotolia. 81b Kyrill Bychkov/Fotolia. 82h Matthew Scholey/Fotolia. 82b Marc Rigaud/Fotolia. 83hd Jérôme Romanens/Fotolia. 83md Carina Fuller/Fotolia. Wasimarc/Fotolia. 83m Mark Carroll/Fotolia. 83bg UPI/ Gamma/Hachette photos. 83bd Frédéric Guillet/Fotolia. 84h John Montgomery Brown/Fotolia. 84b Al-Nakheel/dpa/Corbis. 85m de h en b : Mzeeo5/Fotolia. Jennifer Kahn/Fotolia. Anthony Guerriera/Fotolia. Mario Savoia/Fotolia. 85d Stuart Taylor/Fotolia. 85b de g à d : Raghu Sharma/Fotolia. Timo Reitnaver/Fotolia. Anjo Eijerkis/Fotolia. 86h Tushin Anton/ITAR-TASS/Corbis. 86b Archives Casterman. 87 de h en b : The Imager/Fotolia. Alain Arnould Focusart/ Fotolia. François Christiann/Fotolia. Michel Piccaya/Fotolia. Michael Germann/ Fotolia. 88h Archives Casterman. 89h Rainer Walter Schmied/Fotolia. 89mg José Fuste Raga/AGE Fotostock/Hoa-qui. 89b et d Archives Casterman (4 photos). 90h Gonzalo Azumendi/AGE Fotostock/Hoa-qui. 91hm Mattimat. 91hd Richard Villalon/Fotolia. 91mg Archives Casterman. 91md Juris Simanovics/Fotolia. 91b Patrick Huebgen. 92hg Ian Griffiths/Robert Harding World Imagery/Corbis. 92hd Sayed Salahuddin/Reuters. 92b Nicolas Auvinet/Fotolia. 93h Archives Casterman. 93m de h en b : Angela Jones/Fotolia. Marcaut/Fotolia. Ploum1/Fotolia. 4ème de couverture de h en b: James Steidl/Fotolia. Katia Gizzi/Fotolia. Qiangba Danzhen/Fotolia. Stuart Taylor/Fotolia.

www.casterman.com

ISBN 978-2-203-11655-9
Dépôt légal: avril 2007
D. 2007/0053/20

Déposé au ministère de la Justice, Paris
(loi n°49.956 du 16 juillet 1949 sur les publications destinées à la jeunesse).

Imprimé en France.

Sommaire

1
4
7
6
5
2
3

Mille merveilles pour faire UN MONDE…

Saisis depuis l'Antiquité par la fièvre de l'inventaire, les hommes cherchent à dresser des listes des chefs-d'œuvre du génie humain et de la nature. L'une des premières et des plus célèbres est celle de Philon de Byzance qui, au IVe siècle, place au-dessus de tout les Sept Merveilles du monde antique.

La plupart d'entre elles appartiennent au cercle des mondes perdus. Colossales ou extraordinaires, elles n'ont pas résisté au temps, mais ont gagné en féerie. Et nombreux sont ceux qui s'ingénient à les imaginer… Disparus sont les murailles et les JARDINS SUSPENDUS (1) DE BABYLONE, la STATUE DE ZEUS À OLYMPIE (2), le MAUSOLÉE D'HALICARNASSE (3), le TEMPLE D'ARTÉMIS À ÉPHÈSE (4), le PHARE D'ALEXANDRIE (5) et le COLOSSE DE RHODES (6). Seules les PYRAMIDES DE GUIZA en Égypte (7) ont survécu, alors qu'elles sont, de loin, les monuments les plus anciens du palmarès.

CES SEPT MERVEILLES qui peuplent l'imaginaire occidental révèlent une vision grecque. Plus tard, les Romains ajoutent les leurs et livrent une liste de dix-huit merveilles localisées à Rome et ses environs. Les érudits du Moyen Âge proposent la prise en compte d'autres critères. Dans les différentes listes qu'ils établissent, les Sept Merveilles des Anciens côtoient l'arche de Noé, le temple de Salomon à Jérusalem, la ville de Rome et tout ce que la nature produit de plus spectaculaire. Il s'agit des marées, de la germination, du phénix – un oiseau qui renaît de ses cendres –, le mont Etna, le Soleil ou la Lune.
Ainsi, peu à peu, les listes se sont approchées de celle rendue possible par la convention de l'Unesco de 1972, même si elles sont restées partielles et partiales. Aujourd'hui, le palmarès de l'Unesco compte près d'un millier de sites présentant «une valeur universelle exceptionnelle» eu égard à «la science, l'art, l'histoire et la beauté». Des prodiges du génie humain et des spectacles naturels à couper le souffle dispersés sur les cinq continents: les joyaux rares de notre patrimoine mondial.

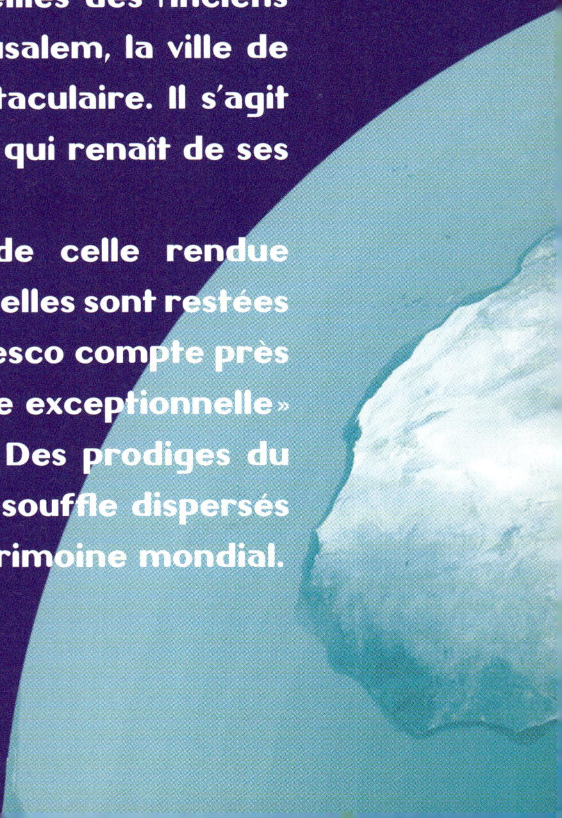

Les merveilles de la NATURE...

À ceux qui cherchent à les approcher, elles offrent les spectacles les plus éblouissants. Silencieuses ou assourdissantes, immobiles ou en action, elles sont saisissantes de majesté. Œuvres somptueuses façonnées depuis la nuit des temps, elles sont transformées chaque jour par les forces en mouvement de la Terre.

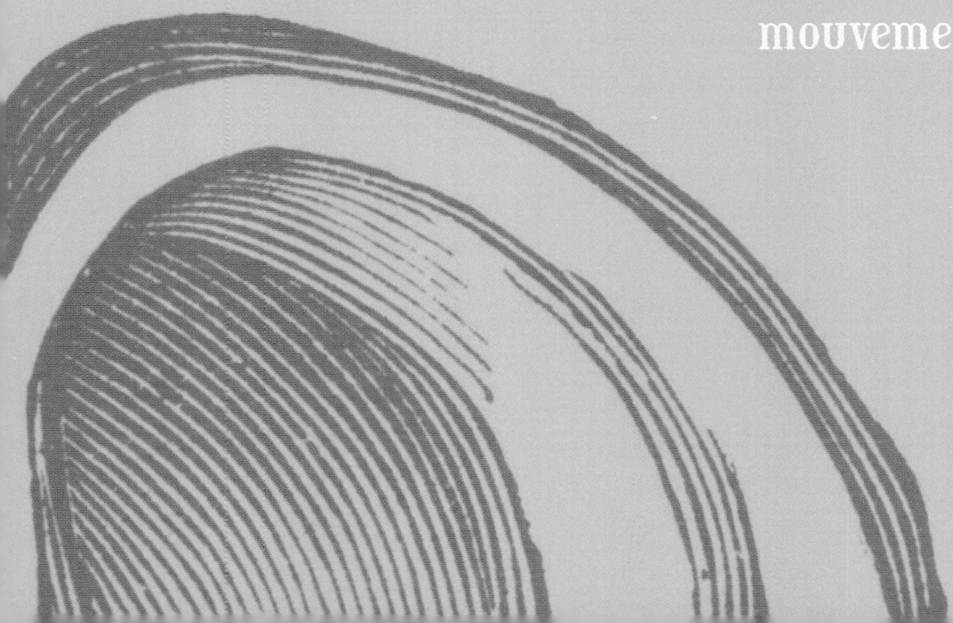

Les CHUTES D'EAU

Leurs flots plongent de hauteurs vertigineuses le long de murs de falaises. Dans un fracas assourdissant, ils bouillonnent d'écume et forment d'immenses rideaux de vapeur avant de déferler en longs rapides et de bondir de rocher en rocher. Ce sont les chutes. Elles offrent les plus beaux spectacles de la planète.

▲ *Une légende raconte que les Indiens habitant la région précipitaient régulièrement leurs plus belles jeunes filles dans les chutes pour apaiser le dieu du tonnerre qui, selon leurs croyances, y avait élu domicile.*

PARMI CES MERVEILLES DE LA NATURE, trois détiennent tous les records. Ce sont les chutes du Niagara en Amérique du Nord, les plus célèbres ; les chutes Victoria en Afrique australe, les plus hautes ; les chutes de l'Iguaçu en Amérique du Sud, les plus larges et les plus grandioses.

Les eaux du tonnerre

Liées à la présence de failles et de roches particulièrement dures comme le basalte d'origine volcanique, ces chutes barrent de façon si spectaculaire le paysage qu'elles ont constitué des frontières naturelles entre les États. Ainsi, « les eaux du tonnerre » (nom donné aux **CHUTES DU NIAGARA** par les Amérindiens) séparent le Canada des États-Unis. Les **CHUTES DE VICTORIA**, découvertes en 1855 par le missionnaire écossais David Livingstone, marquent la limite entre la Zambie et le Zimbabwe. Celles de l'**IGUAÇU**, le « lieu où naissent les nuages », selon les Indiens Guaranis, se situent entre le Brésil et l'Argentine.

Cascades en série

Sur un rebord long de près de 4 km, les eaux de l'**IGUAÇU** se divisent en 275 cataractes pour se précipiter directement dans une gorge située à 80 m en contrebas ou descendre en une série de cascades où elles semblent rebondir d'un seuil à l'autre. Leur niveau dépend uniquement des pluies qui tombent sur le bassin du fleuve long de 1 320 km. C'est entre novembre et mars qu'elles sont le plus impressionnantes : 420 millions de litres se déversent chaque minute dans le vide. Les mois suivants, cette masse d'eau diminue, mais en déferlant elle continue à gronder, à projeter des nuages d'écume qui retombent en pluie fine dans un rayon de 30 km où la forêt vierge prospère. Protégée en partie au sein de parcs nationaux, elle abrite parmi les bambous, les fougères arborescentes, les orchidées ou les bégonias, tapirs, singes, perroquets, martinets ainsi que de redoutables fauves, tels ocelots ou jaguars. Heureusement, les papillons ne sont pas pour eux des proies. De toutes tailles et couleurs, ils volettent en un fabuleux ballet au-dessus des eaux jaillissantes où apparaissent aussi vite qu'ils disparaissent des arcs-en-ciel aux nuances chatoyantes.

Les chutes de l'Iguaçu vues de très très près !

Chutes en recul

Rien de tel à **NIAGARA** où, au début du printemps, le fleuve charrie de gros blocs de glace en provenance du lac Érié. Quand ils s'élancent du haut de la falaise pour se jeter dans l'abîme, 50 m plus bas, ils forment un amoncellement étrange que l'eau dissout peu à peu. Celle-ci aurait tendance à user fortement les roches tendres situées en dessous des roches dures de la surface. C'est pour cette raison que les chutes du Niagara reculent depuis leur formation. Mais avant qu'elles ne disparaissent pour toujours dans le lac Érié, de nombreux touristes (13 millions chaque année) pourront, pendant des milliers d'années encore, les contempler.

ÉTONNANT !

Halte aux casse-cou !

Aux chutes du Niagara, tous ne viennent pas pour voir. Certains viennent surtout pour être vus car la scène est si exceptionnelle pour les intrépides ! Dès 1859, un funambule traverse d'une rive à l'autre le lieu en marchant sur un fil métallique. Plus tard, d'autres casse-cou tentent d'approcher le mur d'eau en bateau. Charles Stephens choisit un tonneau. Il s'enferme dans un fût de chêne et se jette dans le vide du haut de l'escarpement. Il ne survit pas. Aujourd'hui, des plongeurs s'y risquent au péril de leur vie en défiant le courant évalué par endroits à 50 km/h.

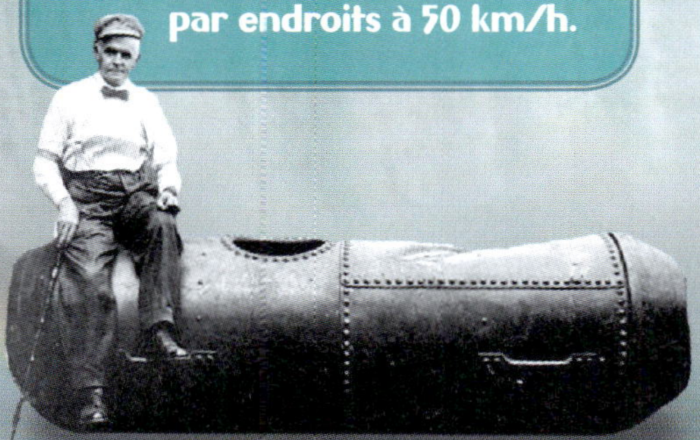

▲ *Bobby Leach en 1911 sur son tonneau, après sa tentative réussie de saut des chutes du Niagara.*

À LIRE !

Extrait du journal de David Livingstone découvrant les chutes Victoria en 1855.

« Je plongeai mon regard vers les merveilleux abîmes (...). En regardant par la fissure de droite, on ne voit qu'un épais nuage surmonté de deux arcs-en-ciel. Une masse de vapeur s'élève, telle que je n'en ai jamais vu. Elle monte à plus de trois cents pieds et redescend en une averse qui a vite fait de vous traverser jusqu'aux os. D'ici, on dirait un feu de brousse (...). Les anges, dans leur vol, ont dû se plaire à contempler un spectacle aussi beau. »

LES CHUTES VICTORIA

À RETENIR !

Que d'énergie !

Les eaux qui alimentent ces chutes offrent, avec leur forte dénivellation, une source précieuse d'énergie pour la production d'électricité. Ainsi des barrages ont-ils été dressés à proximité des sites naturels. Sur le Zambèze, les retenues de Kariba et de Cabora Bassa ont créé des lacs artificiels longs chacun de 250 km, nouveaux royaumes des oiseaux migrateurs. Sur le Paraná, dans lequel se déverse l'Iguaçu, est construit en 1979 un barrage de 8 km de long associé à la plus grande centrale hydroélectrique du monde qui couvre la quasi-totalité de la consommation électrique du Paraguay et la moitié de celle du Brésil.

Barrage d'Itaipu
Brésil

Victoria

Chutes sur le Zambèze, à la frontière de la Zambie et du Zimbabwe

- **1855** : date de leur découverte par l'explorateur écossais David Livingstone qui leur donna le nom de Victoria en l'honneur de la souveraine britannique de l'époque
- HAUTEUR : **110 m** • LARGEUR : **1 700 m**
- DÉBIT : **320 millions** de litres par minute
- **1989** : date d'inscription au Patrimoine mondial

Niagara

À la frontière du Canada et des États-Unis entre les lacs Érié et Ontario

- HAUTEUR : **51 m** • LARGEUR : **323 m**
- DÉBIT : **169 millions** de litres par minute
- **13 millions** de touristes

Iguaçu

À la frontière du Brésil et de l'Argentine

- **1541** : date de leur découverte par l'explorateur espagnol Alvar Nunez de Vaca qui les appela « Chutes Sainte Marie »
- HAUTEUR : **80 m** • LARGEUR : **4 000 m**
- **21** chutes principales et **250** chutes secondaires
- DÉBIT : **420 millions** de litres par minute
- **2 000** espèces de plantes abritées par la forêt entourant les chutes
- **1984** : date d'inscription au Patrimoine mondial

LES CHUTES DU NIAGARA

Treize millions de touristes visitent chaque année les chutes du Niagara. ▲

Là-haut sur la montagne :
Le TOIT DU MONDE

L'EVEREST

LA « DEMEURE DE NEIGE » – TELLE EST LA TRADUCTION DU MOT HIMALAYA – se déploie entre l'Inde et le reste de l'Asie sur une distance de 2400 km. Trois des grands fleuves de ce continent, l'Indus, le Brahmapoutre et le Gange, y prennent leur source et creusent pour s'écouler des vallées aux versants vertigineux. Selon les spécialistes, ce gigantesque massif montagneux serait le résultat de la collision, il y a plus de cinquante millions d'années, de la plaque portant l'Inde et celle de l'Eurasie. Des forces formidables auraient propulsé les fonds océaniques à une hauteur supérieure à huit kilomètres pour former montagnes et plateaux himalayens. Les fossiles d'animaux marins contenus dans les roches des cimes et provenant des profondeurs des anciens océans en sont la preuve.

Le roi des Cieux

Parmi la forêt de pics et de cimes, celui qui se reconnaît entre tous est le **MONT EVEREST**. À son sommet flotte un panache de cristaux de neige poussé par les courants d'altitude. Parce qu'il s'élève dans la région frontière séparant le Népal et l'ancien Tibet (annexé à la Chine depuis 1959), il est appelé Sagarmatha, « roi des Cieux », par les Népalais, et Chomolungma, « déesse mère du Monde » vénérée par les Tibétains. Quant à son nom occidental, il vient du géophysicien anglais George Everest qui le premier, vers 1850, dressa la carte du massif de l'Himalaya et fit des relevés qui permirent d'identifier le « toit » du monde. Après avoir été longtemps évalué à 8848 m, il s'élèverait, d'après les mesures récentes effectuées par les satellites, à 8850 m.

Ils ont dompté l'Everest !

Jusque dans les années 1950, tous les alpinistes qui osent se mesurer à lui échouent. L'Everest ne se laisse pas dompter facilement et les pièges y sont très nombreux : avalanches monstrueuses, glaciers crevassés en mouvement, tempêtes de neige soudaines, vents d'altitude violents et raréfaction de l'oxygène. En 1953, une expédition britannique s'y risque et, avec une efficacité toute militaire, lance vers le sommet le Néo-Zélandais Edmund Hillary et le guide népalais Tenzing Norgay. Le 29 mai 1953, les deux hommes atteignent le sommet, y plantent des drapeaux et déposent dans la neige des sucreries, offrandes de remerciement à la déesse demeurant en ce lieu, selon la tradition bouddhiste. Depuis, les exploits se sont succédé. Dernier record, celui d'un guide népalais qui se hisse le 21 mai 2004 en haut du célèbre géant en 8 heures et 10 minutes, alors que ses illustres prédécesseurs avaient mis plus de sept semaines pour l'atteindre ! ●

◀ *L'Aconcagua, en Argentine, est le plus haut sommet du continent sud-américain (6 959 m). La glace est quasiment absente de ce massif, formé par des éboulis et des rochers, car c'est un volcan éteint.*

Les 14 sommets de plus de 8 000 m d'altitude

1	EVEREST	8 850 m
2	K2	8 611 m
3	KANGCHENJUNGA	8 586 m
4	LHOTSE	8 516 m
5	MAKÂLÛ	8 463 m
6	CHO OYU	8 201 m
7	DHAULAGIRI	8 167 m
8	MANASLU	8 163 m
9	NANGA PARBAT	8 126 m
10	ANNAPURNA	8 091 m
11	GASHERBRUM I	8 068 m
12	BROAD PEAK	8 047 m
13	GASHERBRUM II	8 035 m
14	SHISHAPANGMA	8 027 m

• L'Italien REINHOLD MESSNER est le premier alpiniste, en **1986**, à avoir escaladé les **14** sommets de plus de **8 000** mètres.

▼ *Le soulèvement de l'Himalaya n'est pas achevé. Il se poursuit encore aujourd'hui à la vitesse de 5 centimètres par an.*

LA CHAÎNE DE L'HIMALAYA

« Mon premier sentiment fut le soulagement, écrit Edmund Hillary après son exploit. Plus d'arêtes à franchir, plus de bosses pour nous torturer avec l'espoir du succès. Je regardais Tenzing qui ne pouvait dissimuler une grimace de contentement. »

De retour au camp de base, l'alpiniste annonce son succès en lançant : « Nous avons fini par l'avoir, le bougre ! »

Tensing Norgay et les autres

Les guides ou sherpas népalais, habitués à l'extrême rigueur du climat de la haute montagne de l'Himalaya, servent de guides dans les expéditions de cette région. En raison de leur endurance exceptionnelle, on les surnomme « tigres des neiges ».

La conquête du mont Blanc

En étudiant les plantes et les roches des Alpes, le naturaliste suisse Horace Benedict de Saussure a l'idée d'offrir un prix à celui qui atteindra le premier le sommet du mont Blanc. C'est le Français Michel Paccard qui obtient la récompense en escaladant, le 7 août 1786, avec l'aide de Jacques Balmat, un chasseur de chamois, la distance qui le sépare du sommet évalué aujourd'hui à 4 807 m. Cet exploit marque le début de l'alpinisme moderne.

ÉTONNANT !

Invisible homme des neiges

Yéti ou Migou pour les Tibétains, « Abominable homme des neiges » pour les autres, il est une créature légendaire qui hante l'Himalaya depuis toujours. De nombreuses expéditions se sont lancées en vain à sa recherche et, même si on a retrouvé des traces bien visibles, il est impossible de dire s'il s'agit d'un ours géant, d'un léopard des neiges ou – qui sait ? – d'un homme sauvage...

Les FLEUVES

VUS DU CIEL, LE NIL, L'AMAZONE ET LE CHANG JIANG, les trois fleuves géants de la planète, offrent une beauté saisissante : courbes parfaites, couleurs multiples et miroirs immenses... Ils alignent des records à couper le souffle et, depuis toujours, forgent l'identité des peuples qui se sont installés le long de leurs berges.

Au cœur de l'enfer vert

Si le Nil est considéré comme le fleuve le plus long du monde avec ses 6671 kilomètres, l'**AMAZONE** peut se targuer d'être le plus puissant en raison de la superficie de son bassin et de son débit. Ce cours d'eau de la démesure rassemble, à lui seul, les deux tiers des eaux fluviales de la planète puisqu'il est alimenté par plus d'un millier d'affluents, dont dix-sept dépassent 1500 km de long. À la saison des pluies, il devient une mer et la crue provoque une inondation aussi étendue que la superficie de la France en submergeant une partie de la plus grande forêt tropicale du monde. Et il n'est pas rare de voir alors des poissons et des dauphins s'ébattre parmi les arbres !

Les fleuves nourriciers

Rien de comparable avec les colères subites du **CHANG JIANG** qui sévissent régulièrement en ravageant ses rives densément peuplées. Les Chinois le comparent à un dragon déployant son ruban argenté sur des milliers de kilomètres, s'enfonçant dans des défilés grandioses comme celui des Trois Gorges et s'étalant endormi dans un delta avant de se jeter dans la mer de Chine. Il fournit l'eau nécessaire aux cultures qui nourrissent 500 millions d'habitants. À une plus petite échelle, **LE NIL** est tout autant nourricier. Depuis l'aube de l'histoire, il a attiré des hommes qui ont donné naissance à la civilisation la plus brillante de l'Antiquité. C'est sur ses rives que se sont élevés villages et villes en boue séchée, palais, temples et tombeaux en pierre dont il reste quelques vestiges. Les anciens Égyptiens pensaient que le phénomène de la crue déposant chaque année du limon fertile sur les berges était l'œuvre du dieu Hapy. Chaque année, vers la mi-juin, à l'abri dans sa caverne au sud du pays, il se contentait de soulever sa sandale pour laisser échapper la crue bienfaisante. À cette époque, on ignorait qu'elle était due à la fonte des neiges des monts éthiopiens grossissant subitement les deux affluents du fleuve, le Nil Bleu et l'Atbarah. On

Des felouques sur le Nil. ▶

Où va l'eau ?

L'ensemble des fleuves de la planète draine chaque année 38 380 km³ d'eau vers l'océan mondial, mais cela ne représente que 7 % des 520 000 km³ que les pluies déversent sur la surface du globe ! Une grande partie de l'eau des précipitations n'est pas captée par les cours d'eau car elle s'infiltre dans le sol.

était loin aussi de connaître la source du fleuve-roi qui resta inconnue jusqu'au XIXe siècle. En 1862, l'explorateur britannique John Hanning Speke donna les clés du mystère : il découvrit le lac Victoria et pensa que le Nil y prenait sa source. On comprit plus tard qu'il fallait remonter plus loin, vers les sources situées dans l'actuel Burundi alimentant la Kagera, ultime affluent du Nil. ●

▲ *Le Chang Jiang, appelé aussi Fleuve Bleu.*

À RETENIR !

Delta ou estuaire ?

Delta du Mississippi

Quand un fleuve se jette dans la mer, il forme un estuaire ou un delta.
L'estuaire offre une ouverture large et évasée où les sédiments transportés par les eaux du cours d'eau sont évacués par les courants de la marée. Le plus spectaculaire du monde est celui de l'Ob, en Russie. Il est long de 885 km. Le delta a une forme de triangle construit par le fleuve. Il y dépose des sédiments qui l'obligent à se diviser en plusieurs bras pour se frayer un chemin et avancer sur la mer. Le plus grand de la planète est l'œuvre du Gange et du Brahmapoutre réunis. Il couvre 75 000 km² dans le golfe du Bengale.

Fleuves encombrés

Chaque année, près de 4 milliards de tonnes de matériaux divers sont transportées par tous les cours d'eau du monde. Le Huang He, en Chine, détient le record avec un milliard de tonnes par an. Il charrie presque la moitié de son poids d'une boue jaunâtre qui lui vaut le surnom de « Fleuve jaune ». Aux États-Unis, le Mississippi donne à la mer 440 millions de tonnes de matériaux par an. Résultat : son delta s'avance vers la mer de 10 km par siècle.

Le fleuve baptisé Amazone

L'AMAZONE

POURQUOI le conquistador espagnol Francisco de Orellana nomme-t-il « Amazone » le fleuve gigantesque qu'il explore en 1542 ? Parce que, en chemin, il rencontre une tribu de femmes guerrières qui lui font penser aux Amazones mises en scène dans la mythologie grecque.

Les 8 géants du monde

1. Nil
- 6 671 km
- BASSIN : 2 870 000 km²
- DÉBIT : 5 100 m³/s
- PAYS TRAVERSÉS : Tanzanie, Rwanda, Burundi, RDC, Ouganda, Kenya, Éthiopie, Érythrée, Soudan, Égypte

2. Amazone
- 6 387 km
- BASSIN : 6 915 000 km²
- DÉBIT : 219 000 m³/s
- PAYS TRAVERSÉS : Pérou, Colombie, Brésil

3. Chang Jiang ou Yangtsé
- 6 380 km
- BASSIN : 1 800 000 km²
- DÉBIT : 31 900 m³/s
- PAYS TRAVERSÉ : Chine

4. Mississippi - Missouri
- 6 270 km
- BASSIN : 2 900 000 km²
- DÉBIT : 16 200 m³/s
- PAYS TRAVERSÉ : États-Unis

5. Ienisseï - Angara - Selenga
- 5 550 km
- BASSIN : 2 580 000 km
- DÉBIT : 19 600 m³/s
- PAYS TRAVERSÉS : Mongolie, Russie

6. Ob - Irtych
- 5 410 km
- BASSIN : 2 990 000 km²
- DÉBIT : 12 800 m³/s
- PAYS TRAVERSÉS : Kazakhstan, Russie

7. Huang He
- 4 667 km
- BASSIN : 745 000 km²
- DÉBIT : 2 110 m³/s
- PAYS TRAVERSÉ : Chine

8. Amour
- 4 368 km
- BASSIN : 1 855 000 km²
- DÉBIT : 11 400 m³/s
- PAYS TRAVERSÉS : Mongolie, Russie, Chine

Des mers sans eau :

Les DÉSERTS

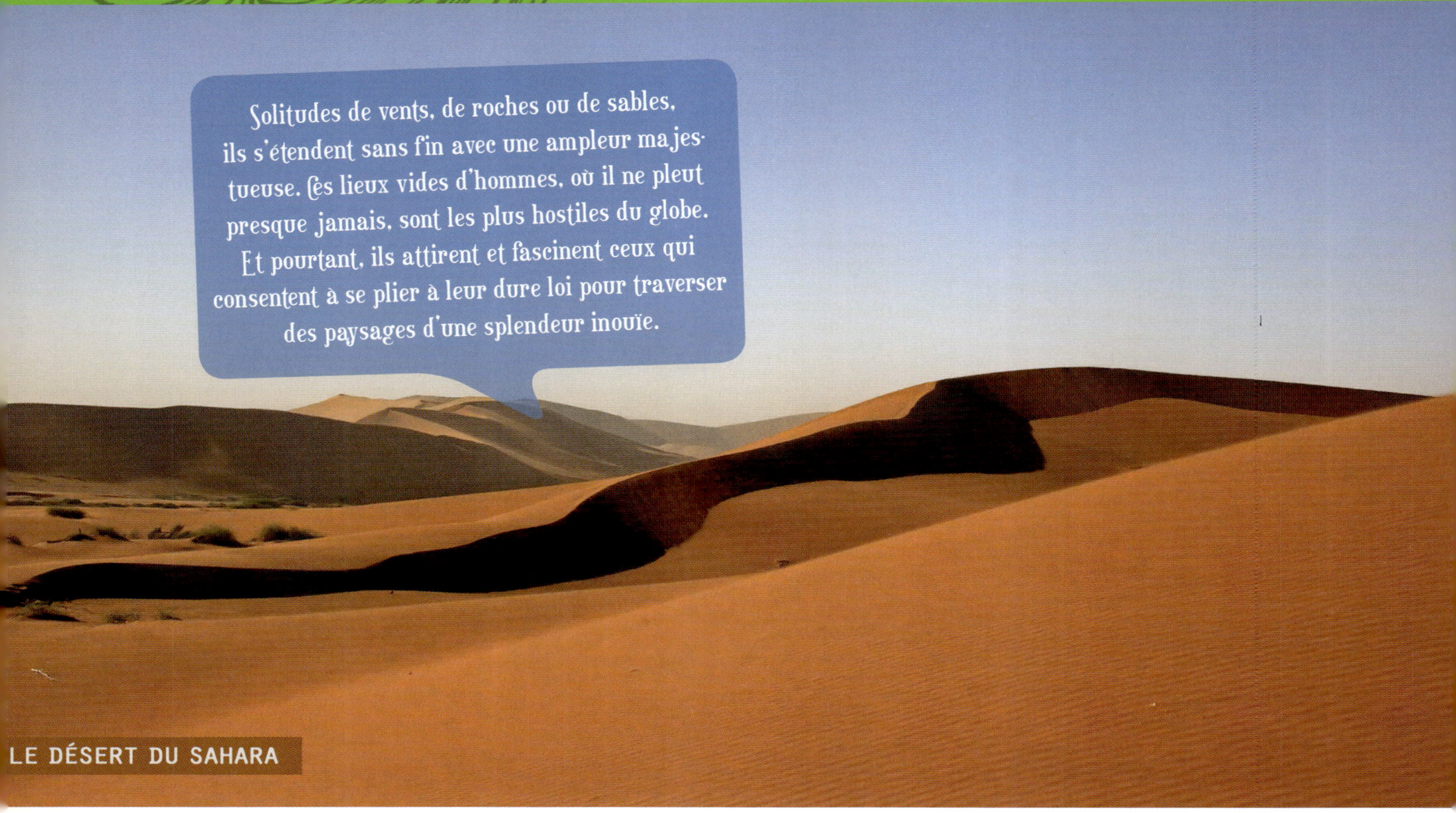

LE DÉSERT DU SAHARA

LES DÉSERTS COUVRENT LE TIERS ENVIRON DE LA SURFACE des terres émergées et sont présents sous toutes les latitudes et sur tous les continents. Ils ont en commun plusieurs traits : rareté des pluies et irrégularité de celles-ci dans l'année et d'une année sur l'autre, forts contrastes de température entre le jour et la nuit, vents violents, végétation presque absente.

Les déserts ne sont pas tous chauds

Principale caractéristique du désert, la sécheresse ne va pas toujours de pair avec la chaleur. Dans le monde, il existe de nombreux déserts froids. Ils se trouvent aux Pôles et en Asie centrale : dans les plateaux du Tibet, le **DÉSERT DE GOBI** et le **DÉSERT DU KARAKOUM**. Ces derniers, situés au cœur du continent, sont trop éloignés des océans pour en recevoir une quelconque influence.

Les déserts les plus remarquables s'étendent dans les zones tropicales de la planète. Deux d'entre eux, situés en Afrique, retiennent particulièrement l'attention : **LE SAHARA**, le plus vaste de la planète, et **LE NAMIB**, le plus sec du monde. Le premier s'étend sur toute la largeur de l'Afrique, de l'océan Atlantique à la mer Rouge où la température l'été peut dépasser 50° C et où les précipitations sont rarement supérieures à 100 mm d'eau par an. Une si faible quantité interdit la présence d'une couverture végétale et ce sont les roches, les cailloux et le sable qui constituent les paysages. Dans le sud du Sahara, le massif du Hoggar dresse ses sommets à plus de 3 000 m d'altitude ; il surplombe les mornes plaines de graviers, les vastes plateaux rocheux ou les dépressions recouvertes de sel. Rares sont les dunes de sable que le vent furieux engendre et façonne. Les ergs (vastes étendues de sable, en arabe) ne couvrent que le cinquième de la superficie totale du Sahara et, pourtant, leurs formes douces et parfaites symbolisent à elles seules le désert. **LE GRAND ERG OCCIDENTAL** qui s'étend en Algérie offre un spectacle inoubliable ; dans un enchaînement sans fin se succèdent de hautes collines de sable en forme de croissant qui progressent à travers le désert, poussées par des vents forts et réguliers.

Des trésors enfouis

Les dunes de sable les plus hautes du monde, supérieures à 300 m, s'élèvent au sud du désert de **NAMIB** qui borde le rivage de l'Atlantique de l'Angola à la Namibie. Comme les **DÉSERTS D'ATACAMA** (Chili-Pérou), de

Oasis en vue !

Par quel miracle surgissent en plein milieu du désert des îlots de vie et de verdure appelés oasis ? Elles existent grâce à l'eau tombée lors de très rares pluies qui s'est infiltrée dans le sous-sol pour former des nappes souterraines. Captée, elle alimente les puits, court dans les rigoles pour arroser céréales et légumes qui poussent à l'ombre des majestueux palmiers dattiers.

MAURITANIE, de **BASSE-CALIFORNIE** (Mexique), cette étendue désertique littorale est le résultat de la rencontre entre un puissant courant maritime froid et les masses d'air humide provenant de l'océan. Celles-ci, refroidies et stabilisées au contact des eaux froides, rendent les pluies très rares (25 à 35 mm par an) bien que l'humidité ambiante provoque des brouillards épais enveloppant les dunes et fournissant quelques gouttelettes d'eau à une végétation éphémère. Sous le sable rouge du Namib se trouve un trésor : le plus grand gisement de diamants du monde ! Avant la formation du désert, il y a un million d'années, il aurait été transporté par le fleuve Orange depuis la région de Kimberley en Afrique du Sud et enfoui sous des terrasses de sables et de graviers. ●

« Le désert est un pays d'une beauté inutile et irremplaçable. »
Albert Camus (1913-1960)

Les 9 plus grands déserts en km²

1	**Sahara** (AFRIQUE)	9 000 000
2	**Désert d'Arabie** (ASIE)	1 300 000
3	**Désert de Gobi** (ASIE)	1 125 000
4	**Désert du Kalahari** (AFRIQUE)	580 000
5	**Grand désert de sable** (AUSTRALIE)	414 000
6	**Karakoum** (ASIE)	350 000
7	**Taklamakan** (ASIE)	344 000
8	**Namib** (AFRIQUE)	310 000
9	**Thar** (ASIE)	260 000

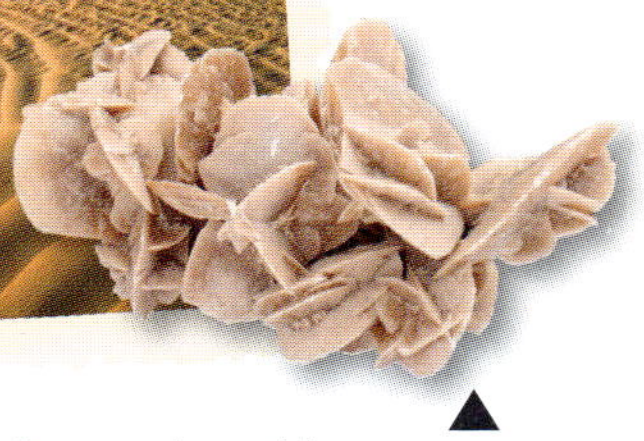

Abondante dans certains déserts, la rose des sables est une cristallisation de gypse, née de l'évaporation d'eau infiltrée.

ÉTONNANT !

Le chant des DUNES

En parcourant le désert de Gobi pour se rendre en Chine (XIIIe siècle), Marco Polo croit entendre par moments de la musique. « *Les sables qui chantent parfois remplissent l'air avec les sons de toutes sortes d'instruments de musique, et aussi le bruit des tambours et du choc des armes* », mentionne-t-il dans son récit, le *Livre des Merveilles*. Le jeune marchand italien décrit là le phénomène étrange du « chant des dunes » que des physiciens étudient et expliquent aujourd'hui.
En glissant le long de la face la plus pentue de la dune, les différentes couches de grains de sable se chevauchent et émettent des sons. Seules une trentaine de « dunes chantantes » sont recensées dans le monde. Elles se trouvent en Chine, en Amérique et au Sahara.

À RETENIR !

Attention !

Avancée des déserts

Lorsque les marges désertiques s'étendent au détriment des terres « vivantes », le processus de désertification est en route. Il concerne aujourd'hui de nombreuses régions du monde : 40 % des terres disponibles, soit 5,2 milliards sur 13 milliards d'hectares. L'Afrique (37 % des zones arides) et l'Asie (33 %) sont particulièrement affectées. La dégradation des sols serait due au réchauffement du climat et à l'action des hommes dans les marges des déserts fragilisant les équilibres naturels : déboisement pour le bois de chauffage et le fourrage, surpâturage des troupeaux d'animaux, multiplication des puits...

Un grand sculpteur de la nature : L'ÉROSION

Depuis des millions d'années, l'érosion a entamé son travail de sape et jamais ne faiblit. Avec patience et obstination, elle s'attaque aux roches, aidée par des alliés de taille : vent, pluie, gel et soleil. Inlassablement, elle rabote, grignote, émousse, rogne les reliefs pour modeler des paysages parfois à grand spectacle.

▲ *Le Grand Canyon est l'un des sites naturels les plus fréquentés du monde. Il attire chaque année plus de 2 millions de touristes.*

QUE PEUVENT AVOIR EN COMMUN les buttes de Monument Valley, le **GRAND CANYON** où serpente le fleuve Colorado aux États-Unis, les **COLLINES DE GUILIN** en Chine, les **CÔNES DE CAPPADOCE** en Turquie, les **PILIERS DES MÉTÉORES** en Grèce ou **AYERS ROCK**, énorme bloc rocheux posé au centre de l'Australie ? Rien, si ce n'est de fascinantes curiosités naturelles que l'on vient admirer de loin, chefs-d'œuvre d'un sculpteur à la créativité illimitée.

L'eau, le vent, le gel

L'érosion, ou démolition progressive des reliefs, est le résultat de deux processus qui souvent se conjuguent : l'érosion mécanique et la décomposition chimique. La dégradation mécanique résulte de l'action du gel ou de la chaleur qui font éclater les roches après les avoir fissurées. Par ailleurs, le frottement répété exercé par le vent, un glacier, un écoulement d'eau transportant sables, graviers ou rochers provoquent une usure importante. Quant à l'altération chimique, elle se produit lorsque l'eau dissout les sels minéraux contenus dans les roches. Lentement, les plus fragiles (calcaire, granite) se désagrègent, se décomposent en fines particules et, peu à peu, sont réduites en poudre.

Un long travail de sape

Les rivières apparaissent comme d'extraordinaires agents de transport des débris de l'érosion emportés par le courant ou dissous dans l'eau. Ainsi chargés, les cours d'eau sont capables de creuser des vallées d'une ampleur considérable. Le Colorado, fleuve rebelle et puissant, a entaillé un vaste plateau et défile à travers le **GRAND CANYON** : une déchirure spectaculaire longue de 400 km et profonde par endroits de 2 000 m. Là, les falaises à la verticalité vertigineuse révèlent, par la superposition des couches rocheuses mises à nu, l'histoire géologique de la Terre. C'est aussi une rivière, le Pénée, aidée de ses affluents qui a façonné l'étrange région des **MÉTÉORES** en Grèce : au nord de la plaine de Thessalie, elle a déposé des cailloux et des graviers qui se sont agglomérés et ont été compressés pendant des millions d'années pour former des blocs rocheux durs et compacts. La rivière a fini par les briser et à se frayer des passages entre eux. Aujourd'hui, il ne reste plus que d'imposants pitons rocheux, hauts en moyenne de 300 m, semblant monter la garde.

Le « Pont de l'Arc-en-ciel »

Ce que les Américains appellent Rainbow Bridge est une élégante arche en grès rose qui enjambe une vallée creusée par le Bridge Creek, un petit affluent du Colorado. En se frayant un chemin à travers le plateau de grès, il a réussi à percer les roches tendres et à façonner ce cercle de pierre considéré comme l'arche naturelle la plus haute du monde (94 m).

Les sculptures de l'étrange

Le calcaire et le tuf d'origine volcanique sont des roches tendres auxquelles s'attaque en priorité l'érosion. La première est infiltrée facilement par l'eau de pluie, légèrement acide, qui la dissout en creusant des grottes, des galeries, des lacs souterrains où, dans l'obscurité et le silence, se développe un décor féerique de colonnes de pierre. À l'air libre, l'usure des roches calcaires peut aboutir à des formes très étranges. En Chine, à **GUILIN**, des montagnes aux pentes abruptes et aux sommets en dôme se reflètent dans les rizières qui baignent leurs pieds. Au Vietnam, la **BAIE D'ALONG** doit sa beauté aux 3 000 îles et îlots aux silhouettes tourmentées, vestiges de blocs calcaires posés sur les eaux tranquilles baignant la côte. Les cheminées des fées de **CAPPADOCE** en Turquie se dressent elles aussi dans un splendide isolement. Creusées dans le tuf, elles sont coiffées de petits chapeaux de basalte, une roche dure que l'érosion n'a pu attaquer avec la même facilité. ●

La célèbre Monument Valley

Le même processus explique la formation de mesas rocheuses, ou monuments, dans le désert de l'Ouest américain. Ces curieux rochers ressemblent à des bâtiments ou objets réalisés par l'homme: piliers, cheminées, clochers, totems. Ils sont les vestiges d'un immense plateau de grès arasé et disparaîtront à leur tour dans des milliers d'années. En attendant, ils continuent de servir de décor aux cinéastes et attirent des foules de touristes fascinés par ce paysage lunaire.

Des lieux propices à la prière

Le tuf des cheminées des fées de Cappadoce (Turquie) est si tendre que des chrétiens, à partir du IVe siècle, y ont creusé des églises, des chapelles et des ermitages où les moines se retiraient pour prier. Plus tard, au XVe siècle, des monastères ont été construits au sommet des pitons rocheux des Météores. Cinq sont toujours habités par des religieux.

Cappadoce

Guilin

▲ Cathedral Valley dans le parc national Reef, Utah, USA

Les pains de sucre

Souvent noyées dans le brouillard, les collines de Guilin ont depuis tout temps inspiré les poètes et les artistes chinois. Ces pains de sucre sont criblés de grottes, de galeries et de passages souterrains où l'eau s'infiltre partout. Dans une atmosphère très humide et dans la chaleur tropicale, l'eau attaque avec force la roche calcaire.

TUPIZA, BOLIVIE

Ayers Rock: le géant!

C'est la masse rocheuse (monolithe) la plus imposante du monde. Haute de 338 m, elle surplombe le désert australien d'où on l'aperçoit à plus de 80 km à la ronde. Les divers mouvements de la croûte terrestre auraient surélevé la roche de grès qui serait apparue sous la mer. Depuis plus de 60 millions d'années, les forces gigantesques de l'érosion sont à l'œuvre...

Les cracheurs de feu :
Les VOLCANS

Formidables machines géologiques prêtes à tout moment à se gonfler, s'ouvrir et exploser, elles ont de tout temps excité l'imagination populaire qui y voit l'œuvre de forces surhumaines fascinantes et terrifiantes.

LE BROMO, ÎLE DE JAVA

AUJOURD'HUI, LES SCIENTIFIQUES, et notamment les volcanologues qui s'en approchent au péril de leur vie, parviennent à percer les mystères de ces monstres.

Une question de plaques

Les volcans prennent naissance dans les entrailles de la Terre et agissent telles des soupapes de sécurité permettant à la planète d'évacuer l'énergie accumulée dans son noyau, la partie la plus profonde. À la surface se trouve la croûte terrestre morcelée en une mosaïque de plaques en mouvement. Depuis des millions d'années, ces plaques s'écartent les unes par rapport aux autres, se rapprochent, s'emboutissent ou se chevauchent. C'est à la frontière de deux ou trois plaques que s'étirent les dorsales (sortes de chaînes de montagnes) où se situent la plupart des volcans se dressant sur les continents, les îles océaniques et tapissant les fonds marins. Ces derniers représentent 70 % du volcanisme de la Terre mais, comme ils ne sont pas visibles et n'affectent pas la vie des hommes, ils sont bien moins connus que les autres.

◀ *Geysers en Islande.*

Actifs et endormis

Il existe des milliers de volcans sur notre planète. Tous ne sont pas éteints. On recense 1 511 volcans émergés ayant été actifs dans les dix mille dernières années. Parmi eux, une cinquantaine entrent en éruption chaque année.

Le nombre et l'extrême diversité de tous ces cracheurs de feu ont amené les spécialistes à les classer. Ils distinguent trois types de volcans. Les premiers sont les volcans fissuraux présents le long des dorsales océaniques (Islande) ou sur les continents. Émettant de grands volumes de lave, ils s'épanchent sur de vastes surfaces et sont à l'origine de grandes plaines et plateaux (Dekkan, au centre de l'Inde, Columbia, dans le nord-ouest des États-Unis). La deuxième famille de volcans rassemble ceux qui naissent de la rencontre de deux plaques. Ils sont les plus explosifs. La plupart s'élèvent le long du « cercle de feu » du Pacifique, la zone volcanique la plus active du monde. Le dernier type de volcans, dits « de points chauds », est dû à la concentration de chaleur en certains points du manteau (partie située entre la croûte terrestre et le noyau) d'où remonte le magma. Dans les océans, il a fait naître la chaîne d'Hawaï en plein milieu du Pacifique. Sur les continents, appartiennent à ce type les **VOLCANS D'AUVERGNE** en France, aujourd'hui éteints, tout comme le **VOLCAN DE YELLOWSTONE** aux États-Unis, générant encore des sources d'eau chaude et des geysers spectaculaires.

Dégâts à la chaine

Quel que soit le type d'éruption, les volcans qui se déchaînent présentent de multiples dangers pour ceux qui vivent à proximité. En colère, ils projettent des cendres, des blocs de lave, émettent des gaz toxiques, produisent des coulées de lave et de boue, ou encore des nuées ardentes dévastatrices. Ils peuvent aussi engendrer des glissements de terrain et des raz de marée ou tsunamis. ●

Le Mauna Loa, Hawaï

Le Vésuve
et la baie de Naples

Les éruptions les plus meurtrières de l'histoire

En 1815, le Tambora, en Indonésie, tue 50 000 habitants, détruit la moitié de son cône, en expulsant 150 km³ de projectiles (un autre record). Le volcan perd alors 1 250 m d'altitude et un cratère volcanique de 11 km de diamètre se forme.
En 1883, le Krakatau, dans le même pays, se déchaîne à son tour. Il détruit les 2/3 de sa surface, lance 50 millions de tonnes de cendres, propulse de la vapeur jusqu'à 55 km de hauteur. Le raz de marée qui s'ensuit cause la mort de dizaines de milliers de personnes dans toute l'Asie du Sud-Est.

À LIRE !

En 104, l'homme de lettres latin Pline le Jeune relate dans des lettres l'éruption du Vésuve qui anéantit en août 79 les cités de Pompéi, Herculanum et Stabies.

« De l'autre côté, dans le ciel, une nuée rouge et effrayante, déchirée par les zigzags rapides et scintillants d'un souffle de feu, s'entrouvrait, formant de longues flammes, semblables à des éclairs mais plus grandes… Peu de temps après, la nuée descend sur la terre et couvre la mer : elle avait enveloppé Capri et l'avait dérobé à la vue… Alors ma mère de me prier, de m'exhorter, de m'ordonner de fuir par tous les moyens… »

ÉTONNANT !

Un volcan au milieu d'un champ

Le Paricutin, au Mexique, est apparu le 20 février 1943 dans le champ d'un paysan éberlué. En six jours, le volcan avait déjà la forme d'un cône de 150 m de haut. Fin décembre, il s'élevait à 336 m !

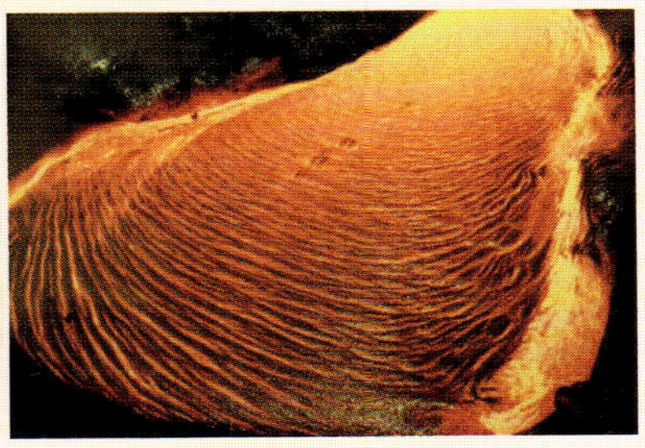

« L'éruption volcanique est le plus beau des spectacles de la nature, le seul, peut-être, pour lequel on peut donner sa vie. »

C'est ce que déclara le volcanologue français Maurice Krafft qui périt en 1991 dans l'éruption de l'Unzendake, le volcan japonais qu'il était en train d'étudier.

Principaux volcans actifs classés selon leur altitude

• **Sangay**, ÉQUATEUR	**5 230 m**
• **Nyiragongo**, RDC	**3 465 m**
• **Etna**, ITALIE	**3 323 m**
• **Nyamuragira**, RDC	**3 053 m**
• **Bezymianny**, RUSSIE	**2 923 m**
• **Lengaï**, TANZANIE	**2 890 m**
• **Tambora**, INDONÉSIE	**2 850 m**
• **Pacaya**, GUATEMALA	**2 552 m**
• **Piton de la Fournaise**, ÎLE DE LA RÉUNION	**2 631 m**

Un volcan jaillissant en pleine mer

14 NOVEMBRE 1963, 7 H 15. Un cuisinier à bord d'un bateau de pêche naviguant au sud de l'Islande, dans l'océan Atlantique, croit voir un navire en flammes. Quelques heures plus tard, une colonne de fumée gigantesque, haute de 15 000 m, s'élève dans le ciel et, le lendemain, émerge au-dessus de la surface de la mer une île surmontée d'un volcan émettant pendant plusieurs jours de la lave et agrandissant l'île de jour en jour. Aujourd'hui, elle a la forme d'une poire et son volcan est presque éteint.

Des espaces paisibles : LACS et MERS INTÉRIEURES

Les nombreux événements géologiques qui expliquent leur naissance sont utilisés par les géographes pour les classer et les différencier.

Actes de naissance

Les périodes glaciaires pendant lesquelles les roches se déforment, se déplacent et bloquent des vallées en formant des barrages naturels sont particulièrement propices à l'apparition de lacs. L'Amérique du Nord et la Scandinavie regorgent de lacs appartenant à cette famille, tels les gigantesques **GRANDS LACS** ou les milliers de taches bleues criblant la surface de la Finlande, de la Suède et de la Norvège. Les lacs tectoniques sont moins nombreux que les lacs glaciaires mais ils sont plus anciens. Ils doivent leur formation à l'effondrement par endroits de la croûte terrestre, comme les grands lacs d'Afrique (**TANGANYIKA, MALAWI, VICTORIA**), **LA MER MORTE** au Moyen-Orient ou le **LAC BAÏKAL** en Russie. Les lacs d'origine volcanique occupent les cratères d'anciens volcans éteints, à l'instar du **LAC DU CRATÈRE** aux États-Unis ou du **LAC TRASIMÈNE** en Italie. Enfin, un dernier type de lacs provient de l'assèchement d'anciennes mers ; ils se différencient des autres par leur eau plus ou moins salée. Sans débouchés maritimes, entourés de terres, ils s'apparentent aux autres étendues d'eau présentes sur les continents, même s'ils sont de véritables mers intérieures, comme la **MER CASPIENNE** ou la **MER D'ARAL**, en Asie.

Une question de niveau

Dans la plupart des cas, l'eau des lacs est alimentée par les précipitations, les sources, les ruisseaux et les fleuves. Dans les zones climatiques extrêmes ou particulières, le niveau est amené à changer selon les saisons. Celui du **LAC DE CRATÈRE** demeure constant. Aucune rivière ne le traverse et seules les pluies d'été et les neiges hivernales lui fournissent de l'eau. Rien de comparable avec le **LAC TITICACA**, culminant dans la cordillère des Andes à plus de 3 800 m. Grossi par les eaux de vingt-cinq rivières, les fortes pluies saisonnières et la fonte des neiges des montagnes toutes proches, il peut monter subitement de quelques centaines de mètres ! Certains lacs ou mers voient leur niveau baisser depuis de longues années et leur surface est en régression. C'est le cas des deux étendues salées les plus connues dans le monde : la **MER MORTE** et le **GRAND LAC SALÉ** américain. L'apport des cours d'eau provenant des flancs des monts voisins ne suffit plus à contrebalancer les pertes dues à l'évaporation intense qui y est si forte que les sels se dissolvent et se cristallisent à la surface de ces deux lacs.

- LE LAC LE PLUS VASTE D'EUROPE OCCIDENTALE : **le lac Vänern**, **5 546 km²** en SUÈDE.
- LE LAC LE PLUS ÉLEVÉ : **le lac Titicaca**, à une altitude de **3 812 m**, PÉROU-BOLIVIE.
- LE LAC LE PLUS PROFOND ET LE PLUS ANCIEN : **le lac Baïkal**, **1 637 m** de profondeur, vieux de **25** millions d'années, en RUSSIE.
- LE LAC LE MOINS ÉLEVÉ, LE PLUS SALÉ : **la mer Morte** : **417 m** au-dessous du niveau de la mer, **25 %** de taux de salinité, ISRAËL, JORDANIE.
- LES LACS LES PLUS NOMBREUX : ils sont **187 888** en FINLANDE et **100 000** EN SUÈDE.

Espaces en danger

Il peut arriver que les assèchements soient amplifiés ou provoqués par l'homme. Depuis 1960, la **MER D'ARAL** a perdu 40 % de sa superficie et 60 % de son volume d'eau pompée pour les besoins d'une agriculture irriguée. Des milliers d'hectares de champs de coton et de rizières ont été plantés au prix d'une catastrophe écologique irréparable. Heureusement, ce triste sort ne pourra jamais être partagé par le **LAC BAÏKAL**, situé à des milliers de kilomètres à l'est de là. La « perle de la Sibérie », classée au Patrimoine mondial de l'Unesco, est bien trop précieuse ! En raison de sa profondeur (1 637 m), elle est le plus grand réservoir d'eau douce non gelée de la planète. ●

Ça baigne !

Sur la mer Morte...

ÉTONNANT !

La salinité de l'eau de la mer Morte est si forte que le corps humain y flotte naturellement sans effort. Mais il est impossible d'y nager normalement ! Les sels en suspension dans l'eau sont des chlorures de magnésium, de sodium et de calcium. Ils sont si concentrés qu'ils interdisent toute vie animale et végétale.

À LIRE !

Extraits du *Lac*,
Alphonse de Lamartine (1790-1869)

« Ô lac ! Rochers muets ! Grottes ! forêt obscure !
Vous, que le temps épargne ou qu'il peut rajeunir,
Gardez de cette nuit, gardez, belle nature,
Au moins le souvenir !

Qu'il soit dans ton repos, qu'il soit dans tes orages,
Beau lac, et dans l'aspect de tes riants coteaux,
Et dans ces noirs sapins, et dans ces rocs sauvages
Qui pendent sur tes eaux. »

Le lac du Cratère (Oregon, États-Unis). ▶

▲ Le lac Michigan et Chicago.

Les lacs et mers intérieures les plus vastes du monde

• **Mer Caspienne**, ASIE	**370 000 km²**
• **Lac Supérieur**, AMÉRIQUE DU NORD	**82 000 km²**
• **Lac Victoria**, AFRIQUE	**69 000 km²**
• **Lac Huron**, AMÉRIQUE DU NORD	**60 000 km²**
• **Lac Michigan**, AMÉRIQUE DU NORD	**58 000 km²**
• **Mer d'Aral**, ASIE	**34 000 km²**
• **Lac Tanganyika**, AFRIQUE	**33 000 km²**
• **Grand Lac de l'Ours**, AMÉRIQUE DU NORD	**31 000 km²**
• **Lac Baïkal**, ASIE	**29 000 km²**

Immobiles, les lacs ?

Leurs eaux sont agitées en permanence par des courants créés par les cours d'eau qui s'y déversent. Il faut ajouter l'action du vent, à la surface de l'eau, capable de produire tourbillons et vagues. En cas de grand vent, les vagues sur le lac Baïkal peuvent atteindre 5 ou 6 m de haut.

◀ Les pêcheurs du lac Titicaca utilisent un bateau de roseaux d'un type très ancien, appelé balsa. ▶

LE LAC BAÏKAL

Le lac Baïkal contient à lui seul autant d'eau que les cinq Grands Lacs américains. Si toute l'eau potable de la Terre venait à manquer, il pourrait répondre aux besoins de la population mondiale pendant 40 ans. Par ailleurs, en raison de son ancienneté, il abrite des végétaux et des animaux uniques au monde. Les plus célèbres sont l'omoul, une sorte de truite, le coméphore, un poisson presque transparent sans écailles, le corégone blanc proche du saumon, le nerpa appartenant à l'une des deux espèces de phoques d'eau douce de la planète.

Mille couleurs cachées : Les RÉCIFS CORALLIENS

UN RÉCIF CORALLIEN

Vus d'avion, ils ressemblent à des colliers ou des chapelets de perles turquoise sertis dans l'émail d'un bleu profond. De plus près, sous la mer, ils resplendissent de tons éclatants, déploient des formes étranges et fourmillent de poissons et de mollusques aux robes bariolées, zébrées et multicolores.

CES CONSTRUCTIONS MARINES ÉTONNANTES sont l'œuvre de coraux, minuscules créatures vivantes ressemblant à des plantes et qui sont des petits animaux à polypes (plusieurs tentacules). En absorbant le carbonate de calcium contenu dans l'eau, ils fabriquent un squelette calcaire dans lequel ils vivent et qui permet de supporter leur corps fragile. Ils s'étendent par bourgeonnement, forment des colonies et finissent par édifier des récifs : des bancs, des barrières ou des atolls. Comme la plupart des coraux ne vivent qu'en eau tiède (supérieure à 20° C) et surtout peu profonde, les plus anciens s'affaissent et meurent. Leurs squelettes servent alors de soubassement aux nouveaux qui ne cessent de se développer et d'élever des barrières infranchissables pour les navires.

Des milliers d'êtres vivants

Il existe plusieurs centaines d'espèces de coraux dans les régions tropicales où ils prospèrent. Ils procurent nourriture, refuge et abri aux innombrables sortes de coquillages, aux milliers d'espèces de poissons, aux myriades d'éponges, d'oursins, de concombres de mer, sans compter les bancs de raies géantes, de murènes et de requins. Au-dessus de la surface, les îles servent de nids à de multiples oiseaux et de nurseries aux tortues de mer.

La Grande Barrière

Ces merveilleux mondes de couleurs et de vie ne sont pas visibles partout. Seuls quelques océans, dans des régions bien particulières, abritent de splendides récifs coralliens. L'océan Atlantique, et notamment la mer des Caraïbes, est riche en coraux en raison de la présence de courants chauds. L'océan Indien en abonde surtout en mer Rouge, dans le golfe Persique, à proximité de Madagascar et des îles (Seychelles, Maurice, Réunion et Maldives). Dans le Pacifique, les archipels de Polynésie, d'Hawaï, des Philippines et d'Indonésie regorgent de coraux. Mais là, aucun récif ne peut égaler celui de la **GRANDE BARRIÈRE** qui s'étire le long de la côte orientale de l'Australie sur une

Qu'est-ce qu'un un atoll ?

BORA BORA

Il existe trois types de récifs coralliens dans les régions tropicales. Le récif « en bordure » : il s'édifie sur les rivages d'une île volcanique ; le récif « en barrière » en construction sur la plate-forme continentale (Grande Barrière d'Australie) ou croissant en couronne autour de l'île volcanique laissant apparaître un lagon, une étendue d'eau calme ; l'atoll, un anneau de corail entourant le lagon en dessous duquel l'île volcanique est immergée (atoll de Bora Bora dans l'océan Pacifique).

distance de 2000 km. Elle est si imposante qu'elle peut être vue de l'espace. Considérée comme la plus grande structure vivante sur la Terre, elle est en quelque sorte le plus grand animal vivant de la planète. 3400 récifs la composent et elle est un enchevêtrement extraordinaire d'écueils, d'îles couvertes de forêts, d'îlots à la maigre végétation, de lagons, de grottes sous-marines et de passes plus ou moins profondes où des centaines de bateaux se sont échoués.

Attention, fragile !

Résultat de 15000 années d'empilement de coraux continuant de naître et de vivre sur les cadavres de leurs ancêtres, la **GRANDE BARRIÈRE**, le plus beau jardin sous-marin du monde, est intégrée dans un parc national visant à la protéger. Aujourd'hui, cet écosystème unique et très fragile est menacé par la pêche, la pollution marine, l'afflux de touristes et le réchauffement climatique. De nombreuses espèces de coraux, vivant à l'heure actuelle dans des eaux trop chaudes, blanchissent et meurent. ●

La Grande Barrière de Corail

La Grande Barrière de Corail est le plus grand parc naturel marin de la planète et abrite une faune et une flore exceptionnelles : 1500 espèces de poissons, 400 de coraux, 4000 de mollusques. Anémones de mer, éponges et tridacnes (les plus grands coquillages du monde, connus sous le nom de bénitiers) cohabitent avec les poissons-pierres, les poissons-coffres, les poissons-clowns, les empereurs aux lèvres d'or ou les balistes…

L'enfer du lagon

L'explorateur anglais James Cook (1729-1779) est le premier Européen à découvrir la Grande Barrière de Corail et cette terre qui va s'appeler Australie. En approchant les côtes en 1770, son navire l'*Endeavour* se fracasse contre une pointe de corail isolée. Cook comprend qu'il est pris au piège dans une sorte de labyrinthe l'isolant de la pleine mer. Après de nombreuses tentatives, il parvient à s'en échapper en empruntant une voie nommée plus tard « passage de Cook ».

La Grande Barrière de Corail

- SUPERFICIE : **345 000 km²**
- LONGUEUR : **2 300 km**, le long de la côte nord-ouest de l'Australie, au large du Queensland.
- Plus de **2 000** îles et plus de **3 400** récifs.
- **400** espèces de coraux.
- **1,8** million de touristes par an.
- **24 000** tonnes de poisson pêchées.
- Site du Patrimoine mondial de l'humanité depuis **1981**.

▼ *Poisson-Empereur*

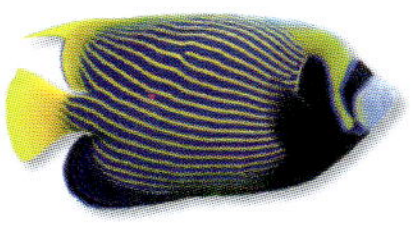

▲ *Poisson-Papillon*

▼ *Baliste*

« Le monde du silence »

La beauté du monde sous-marin est révélée au grand public par Jacques-Yves Cousteau (1910-1997) qui réalise avec le cinéaste Louis Malle *Le Monde du silence*, film documentaire remportant la Palme d'or au festival de Cannes en 1956.

▼ *Poisson-Clown* *Baliste-Clown* ▼

Attention, attaques d'étoiles de mer !

L'acanthaster pourpre est une étoile de mer épineuse qui s'attaque aux coraux. Menace permanente pour l'équilibre d'un récif, elle se reproduit en grand nombre. Une seule étoile de 40 cm de diamètre peut consommer jusqu'à 100 cm de corail par jour.

À RETENIR !

Menacés de disparition

Sortes de baromètres de notre planète, les récifs coralliens, notamment la Grande Barrière australienne, sont menacés par les gaz à effet de serre et le réchauffement climatique. Si rien n'est fait, toutes les populations coralliennes du monde seront anéanties d'ici la fin du XXIe siècle, affirment les scientifiques.

La nature en majesté :

RÉSERVES et PARCS

Ils déroulent des paysages dont la beauté est à couper le souffle, vierges comme au premier matin du monde et presque vides d'hommes. Ils sont les sanctuaires d'une nature où les espaces, dans leur infinie diversité, ont tissé des liens avec d'innombrables êtres vivants : végétaux, animaux et humains. Ils constituent le patrimoine naturel de la planète.

YELLOWSTONE

L'**IDÉE DE DÉLIMITER ET DE SÉLECTIONNER DES ZONES** aux paysages exceptionnels ou dotés de plantes et d'animaux rares, d'écosystèmes particuliers, est assez récente. Elle remonte au XIXe siècle, lorsque les Américains les premiers prennent conscience des méfaits de l'industrialisation croissante et de l'impact sur l'environnement de l'action humaine.

Naissance d'une idée

Celui que l'on considère comme le premier parc national est créé en 1872. Il s'agit de **YELLOWSTONE**, un univers volcanique de feu, de geysers et de boue gargouillante situé au nord-ouest des États-Unis. Il ne s'appelait pas encore « parc national » car ce terme est employé en 1879 pour désigner celui qui apparaît au sud-est de l'Australie. En effet, les Britanniques ne sont pas longs à emboîter le pas en choisissant dans leurs colonies des espaces nécessitant une protection. Ainsi, des parcs nationaux voient le jour au Canada, en Nouvelle-Zélande, en Inde, en Afrique centrale et australe. Les Scandinaves sont les premiers en Europe à reprendre cette idée : la Suède, l'Islande et la Finlande, où il existe de nombreuses zones intactes, fondent leurs espaces protégés nationaux.

Aujourd'hui, il existe dans le monde 2 300 parcs naturels et bien plus de zones protégées. Parmi les parcs, certains ont un caractère si exceptionnel qu'ils sont classés au Patrimoine mondial par l'Unesco.

Parc national du Serengeti (Tanzanie).

Depuis l'époque où ils ont été fondés, les parcs nationaux voient leurs missions se multiplier. Ils ne doivent plus seulement assurer la préservation des paysages, offrir un lieu de loisir à la population, mais aussi protéger les espèces menacées de végétaux et d'animaux, et encourager la recherche scientifique. Le pari n'est pas gagné pour autant !

Passeport pour le futur

Forts de leur succès, les espaces protégés doivent faire face à de nouveaux défis. En trop grand nombre, les visiteurs endommagent les paysages, mettent en péril la faune et la flore que ces zones sont censées préserver. Dans beaucoup de pays en voie de développement, la présence de ces espaces particuliers heurte les intérêts de l'armée à la recherche de terrains isolés et peu peuplés, des exploitants forestiers, des paysans, des chasseurs, des prospecteurs à l'affût de terres ou de forêts aux ressources inexploitées. Dans ces pays, les gouvernements ne sont pas toujours convaincus de leur utilité. Pire, ils pensent qu'ils risquent d'entraver leur développement économique, qu'ils sont trop coûteux ou impopulaires car ils profitent peu aux populations locales. Compte tenu des risques écologiques qui planent sur notre planète, les réserves naturelles semblent devoir être plus que jamais nécessaires pour que les générations futures continuent à être enchantées, inspirées et étonnées par dame Nature et ses trésors.

Au Mozambique

En Tanzanie

Le parc national de Nairobi au Kenya accueille jusqu'à 3600 visiteurs par km², ce qui représente l'une des plus fortes densités du monde !

À RETENIR !

Entre 1980 et 1990, la chasse illégale en Afrique de l'Est a détruit 400000 éléphants sur les 500000 que cette région comptait.

Yellowstone

Dans cette région volcanique, la croûte terrestre est anormalement mince : 3 km à peine alors que, partout ailleurs, elle mesure entre 25 et 50 km d'épaisseur. L'eau de pluie s'infiltre et, chauffée en sous-sol, jaillit en sources chaudes, en fumerolles ou en geysers. Plus de mille lancent leurs colonnes dans le ciel aux côtés de trous de boue qui bouillonnent. Quel spectacle !

LE PARC LE PLUS ANCIEN :

- **Le parc national Krüger**, AFRIQUE DU SUD.
  Il date de **1898** et reçoit **1 million** de visiteurs par an.
  Il s'étend sur **350 km** de long.

LE PLUS GRAND DU MONDE :

- **Le Grand Limpopo**, un parc à cheval sur **3** pays AFRIQUE DU SUD, MOZAMBIQUE et ZIMBABWE.
  Il a une superficie de **35 000 km²** et réunit, depuis 2002, trois parcs nationaux déjà existants : le PARC KRÜGER, le LIMPOPO NATIONAL PARK (Mozambique), et le PARC DE GONAREZHOU au Zimbabwe.
  Des centaines d'éléphants d'AFRIQUE DU SUD ont franchi la frontière du MOZAMBIQUE où ils ont été décimés par la guérilla et le braconnage.

Les plus visités :

- **13 millions** de visiteurs en **2005** dans les **parcs nationaux du Canada** et **280 millions** aux **États-Unis**.

LE PLUS PRÉCIEUX :

- **Le parc national d'Ujung Kulon** en INDONÉSIE abrite les **50** derniers rhinocéros, les grands mammifères les plus menacés de la planète.

LE PAYS LE PLUS CONSERVATEUR :

- **Le Costa Rica**, en AMÉRIQUE CENTRALE, est l'État champion du monde de la conservation : **47,2 %** de son territoire sont protégés !

Terrasses calcaires, fumerolles et geysers : toute la magie de Yellowstone.

De quoi parle-t-on ?

Aire protégée : terme général désignant tout espace voué à la conservation de la nature réglementé par l'État, par un ensemble d'États ou un organisme privé. Il en existe 100000 dans le monde.

Réserve naturelle : terme général désignant deux types d'aires protégées. Les réserves intégrales où toute activité humaine est interdite ; les autres, vouées à une activité particulière compatible avec la protection de la nature : réserve forestière, de chasse...

Parc national : aire protégée où seuls le tourisme et la recherche scientifique sont les activités autorisées.

Réserve de biosphère : zone recouvrant un écosystème terrestre ou marin particulier reconnu par l'Unesco. Elle vise à concilier la préservation de la nature et le développement économique en formant les populations et en exploitant les ressources naturelles de façon durable. 482 en tout dans le monde.

Site naturel du Patrimoine mondial : lieu naturel considéré comme ayant une « valeur universelle exceptionnelle », géré par une convention intergouvernementale auprès de l'Unesco. À l'heure actuelle, 162 sites naturels et 24 mixtes (naturels et culturels) sont classés.

Les merveilles du monde ANCIEN...

Surgies depuis l'aube de l'Histoire, elles chantent la grandeur de dieux, d'empereurs, de seigneurs ou de peuples entiers et défient le temps qui ne les a pas toujours ménagées. Expressions du génie humain et de son rêve de grandeur, elles sont loin d'avoir livré leurs secrets.

LASCAUX et ses sœurs

« Après avoir tâtonné pendant un long moment à l'intérieur de la cavité où Roblot, mon chien, s'était engouffré, j'ai hissé ma lampe pour éclairer mes camarades. Stupeur !... La flamme tremblante révélait partout sur les parois des taureaux, des chevaux au galop, des cerfs », raconte Marcel Ravidat, l'un des découvreurs de la grotte de Lascaux, explorée le 12 septembre 1940.

▲ *Dans la « rotonde » de Lascaux, la rencontre des aurochs, avec des cerfs et des chevaux.*

CETTE GROTTE ORNÉE DE PEINTURES est l'un des plus illustres témoignages d'un art propre à la préhistoire. Elle fait partie d'un patrimoine comptant plus de deux cents sites recensés en Europe, récemment enrichi par la découverte en France de la grotte sous-marine **COSQUER** (1991) et celle de **CHAUVET** (1994), que les spécialistes considèrent comme un joyau.

Quand le Sahara n'était pas un désert

15000 dessins et gravures composent l'un des plus grands ensembles d'art préhistorique du monde. Il se trouve dans le Tassili des Ajjer, un haut plateau du Sahara situé dans le sud de l'Algérie. Réalisés entre 6000 et 1000 av. J.-C., ils représentent une foule d'animaux : rhinocéros, buffles, girafes, antilopes... Témoignages étonnants d'une époque où le Sahara n'était pas un désert mais un espace arrosé, régulièrement parcouru par des chasseurs et des éleveurs.

Un bestiaire fabuleux

À partir de 35000 avant notre ère, il semble que les hommes vivant exclusivement de chasse, de pêche et de cueillette soient à l'origine des premières formes d'art : des gravures sur pierre et sur os, des figurines féminines sculptées aux hanches généreuses. Bien plus énigmatiques sont les peintures ornant les parois de cavités profondes, souterraines et parfois presque inaccessibles, hors de portée de la lumière du jour.

Mêlées souvent à des gravures, elles représentent surtout des signes géométriques (points, traits), des empreintes de main avec des doigts pliés ou coupés voisinant avec des animaux. De façon générale, le cheval et le bison sont les plus présents, mais à **LASCAUX** ce sont les taureaux, aux côtés de chevaux, de cerfs, de bouquetins, alors que dans la **GROTTE CHAUVET**, les rhinocéros sont figurés en grand nombre, bien davantage que les lions, les mammouths et les bisons. Plus rares sont les représentations humaines. À ce titre, le chasseur chargé par un bison blessé en train de perdre ses entrailles est célèbre à **LASCAUX**.

Quelles cérémonies ?

Pourquoi les hommes de l'époque sont-ils allés dans ces grottes secrètes pour les orner ? Même si on ne le saura jamais précisément, il semble qu'elles n'ont pas été des lieux d'habitation, mais des sites comparables à des sanctuaires dotés d'une fonction religieuse. On y tenait probablement des cérémonies au cours desquelles étaient pratiqués des rites d'initiation marquant l'entrée dans l'âge adulte ; ainsi le laissent supposer des empreintes de pas d'adolescents. Des rites en relation avec la chasse apparaissent également plausibles dans la mesure où les animaux, à la fois recherchés et redoutés, devaient tenir une place centrale dans les croyances des hommes. Des spécialistes avancent également que les artistes, graveurs ou peintres étaient les maîtres des cérémonies : magiciens ou chamanes dotés de pouvoirs particuliers.

Aux sources de l'art

Quoi qu'il en soit, ce qui paraît indéniable, c'est le talent dont ils ont fait preuve pour exécuter ces représentations mystérieuses. Hissés sur des échafaudages, à la lueur vacillante de lampes à huile, ils ont utilisé du charbon de bois et des colorants broyés, mélangés avec de la graisse pour les appliquer avec les doigts, des tampons de mousse ou des brosses en poils d'animaux... Outils et techniques bien rudimentaires pour réaliser avec brio des peintures si vivantes et si raffinées : les premiers chefs-d'œuvre offerts à l'humanité. ●

▲ *Vénus sculptée en stéatite trouvée en Italie. Elle date de 22000 à 27000 ans.*

Les bactéries attaquent...

Dès son ouverture au public (1948), les peintures de la grotte de Lascaux ont commencé à se détériorer. En quelques années, l'équilibre préservé pendant des millénaires favorisant leur conservation fut rompu. La prolifération des bactéries et des algues vertes sur les peintures nécessita la fermeture de la grotte (1963). Son fac-similé, Lascaux II, reproduisant dans quelques salles les peintures à partir des techniques préhistoriques, est ouvert depuis 1983. Aujourd'hui, la plupart des grottes ornées ont un accès limité ; ce qui importe avant tout, c'est leur conservation.

◀ *La « vache qui saute », l'une des fascinantes peintures de Lascaux.*

Chapeau bas !

Grandiose et foisonnante (1500 gravures, 600 dessins peints en jaune, rouge et noir), la grotte Chauvet, découverte en 1994 sur les hauteurs des gorges de l'Ardèche, dans le sud de la France, s'est vu attribuer tous les superlatifs. Pour représenter des groupes d'animaux, les artistes ont eu recours à des techniques comme la perspective, l'estompage ou le détourage des contours.

À RETENIR !

Précieux charbon !

L'analyse des minuscules fragments prélevés au sol et sur les peintures révèle la présence de charbon de bois. Celui-ci permet, grâce à la méthode du carbone 14, de dater les époques où les grottes ont été ornées et fréquentées. Il semble que la grotte d'Altamira, en Espagne, a été occupée entre 16000 et 10000 av. J.-C., Lascaux entre 15000, date de réalisation des peintures, et 9000 av. J.-C. Quant à la grotte Chauvet, elle recèle des peintures qui auraient été réalisées en 32000 av. J.-C., soit les plus anciennes connues à ce jour !

Les plus belles grottes ornées

ALTAMIRA, Espagne

- **270 m** de long.
- **930** dessins d'animaux peints ou gravés.
- Les plus célèbres : un groupe de bisons.

CHAUVET, Ardèche

- **500 m** de long.
- **4** salles.
- **350** figures d'ANIMAUX REPRÉSENTÉES : rhinocéros, lions, mammouths, chevaux, bisons, ours, rennes, bouquetins, cerfs, mégacéros, une panthère, une hyène et un hibou, la seule représentation connue de cet animal dans l'art de la préhistoire.

COSQUER, Bouches-du-Rhône

- Grotte sous-marine ornée entre **27000** et **19000** av. J.-C.
- Accessible par un tunnel long de **175 m**.
- Entrée située à **37 m** sous la mer.
- **142** ANIMAUX REPRÉSENTÉS. Surtout des chevaux et quelques animaux marins : pingouins, phoques, poissons (les seules représentations de ces animaux dans l'art de la préhistoire).
- **55** mains figurées.

LASCAUX, Dordogne

- **100 m** de long.
- **1500** gravures et **600** dessins peints.
- Longueur du taureau le plus grand figuré : **5 m**.
- ANIMAUX REPRÉSENTÉS : taureaux, chevaux, cerfs, bouquetins, félins, un renne, un ours, un rhinocéros, un animal fantastique appelé « la licorne ».
- LES DESSINS LES PLUS CÉLÈBRES : la « scène du puits » (un chasseur étendu est chargé par un bison blessé), la série de têtes de cerfs semblant nager dans l'onde d'une rivière.

Le « pape de la Préhistoire »

Ainsi surnomma-t-on Henri Breuil (1877-1961), abbé et préhistorien français qui prit part à la découverte des grottes de Font-de-Gaume et des Combarelles, en France. Il étudia en particulier la grotte d'Altamira (Espagne) et, dès sa découverte, fut appelé à Lascaux pour authentifier et dater les peintures. Il en effectua les premiers relevés.

L'énigme des pierres dressées : STONEHENGE et CARNAC

▲ *Au nord de Salisbury (Angleterre), les pierres de Stonehenge constituent l'un des plus beaux ensembles mégalithiques au monde.*

UN PEU PARTOUT DANS LE MONDE, notamment en Europe occidentale, des monuments appelés mégalithes ont été construits avec d'énormes blocs de pierre. Ce sont les premiers témoignages d'architecture monumentale ; ils apparaissent à partir de 4000 av. J.-C., à l'époque néolithique, où le mode de vie des sociétés est en plein bouleversement. Aux activités traditionnelles de chasse et de cueillette s'ajoutent l'agriculture et l'élevage qui obligent les hommes à devenir sédentaires en s'installant dans des villages.

Menhirs et dolmens

On donne le nom de dolmens aux mégalithes qui sont disposés en forme de tables géantes. Ils abritent des sépultures collectives protégées par une masse gigantesque de terre (tumulus), comme à **NEWGRANGE** en Irlande, ou de pierraille (cairn), à l'exemple de celui de **BARNENEZ** en France. De longs couloirs donnent accès aux chambres funéraires où l'on a retrouvé des ossements, les restes de plusieurs centaines de défunts, entourés d'objets : vases, haches polies, bijoux, pointes de flèches... Qui donc étaient ces hommes qu'une communauté distinguait jusque dans la mort ?

Tout aussi mystérieux que les dolmens sont les menhirs implantés en général dans un espace dégagé où la forêt a été défrichée. On voit de loin ces pierres dressées (d'une hauteur variant de 1 à 12 m), solitaires, regroupées pour former des alignements ou des cercles. À quoi servaient-elles ? Si l'on ne peut répondre à cette question de façon sûre, il apparaît que ces ensembles monumentaux ont été des lieux d'observation astronomique permettant de suivre la course des astres dans le ciel, de repérer le jour des solstices et les équinoxes au cours d'une année, autant de moments importants de la vie agricole et religieuse.

Il s'y déroulait probablement des cérémonies célébrant les dieux et les déesses de la fertilité. Dans des sociétés agricoles naissantes, rien n'avait plus d'importance que la fécondité de la nature, elle-même dépendante de puissances naturelles comme le soleil, la pluie, le vent ou l'orage.

◀ *Men-an-Tol (pierre percée), Cornouailles, Angleterre.*

Des calendriers géants ?

Les spécialistes s'accordent pour dire que le monument de **STONEHENGE**, en Grande-Bretagne, servait de sanctuaire où était rendu un culte à un dieu-soleil. À l'intérieur des deux cercles concentriques, une grosse pierre indique le point d'horizon où le soleil se lève lors du solstice d'été. À proximité, deux pierres plus petites marquent le lever du soleil au solstice d'hiver.

La fonction des **ALIGNEMENTS DE CARNAC**, en France, apparaît plus obscure. Sur ce site où il existe plusieurs ensembles de menhirs, les pierres sont placées par ordre décroissant et chaque alignement forme un angle précis avec le précédent. De nombreux archéologues y voient là un calendrier géant valorisant, comme à Stonehenge, des dates bien définies. Il est certain que ces constructions géantes devaient mobiliser une main-d'œuvre nombreuse, capable de transporter sur de longues distances les blocs de pierre et de les lever. À leur tête se trouvaient des dignitaires dont l'autorité était assez forte pour lancer des chantiers aussi titanesques. ●

◀ Les alignements de Carnac, en Bretagne.

« Voilà donc ce fameux champ de Carnac qui a fait écrire plus de sottises qu'il n'a de cailloux ! » s'écrie Gustave Flaubert, homme de lettres français (1821-1880).

▼ Un dolmen

Les îles Britanniques abondent en pierres dressées.

Orcades

Drombeg, Irlande

À Malte aussi !

L'île de Malte, en Méditerranée, est un lieu riche en vestiges mégalithiques. Plusieurs temples, construits dans d'énormes blocs de grès, se dressent encore aujourd'hui.

Des reconstitutions grandeur nature ont lieu pour comprendre comment les hommes du néolithique ont pu transporter avec des rondins de bois et des cordages, puis ériger des pierres pesant plusieurs tonnes. Il apparaît que 200 personnes suffisaient pour le transport, au cours duquel les pierres étaient roulées sur des rondins. Divers systèmes de traction et de multiplication des forces ont été utilisés pour les ériger : levier ou rampes.

Les principaux mégalithes

Carnac

Vaste ensemble de mégalithes : tumulus, dolmens, alignements de menhirs.

- PÉRIODE DE CONSTRUCTION : entre **4000** et **3000** av. J.-C.
- **2800** menhirs en tout
- TROIS GRANDS ALIGNEMENTS :
  - **MÉNEC : 11** rangées et **1100** menhirs alignés sur une distance de **950 m**.
  - **KERMARIO : 10** rangées avec **982** menhirs (dont le *Géant du Manio*, haut de **6,50 m**).
  - **KERLESCAN : 13** rangées avec **540** menhirs.
- Les archéologues estiment que le débitage, le transport et l'érection des menhirs ont nécessité de **500 000** à **1 million** de journées de travail.

Stonehenge

Construit en plusieurs étapes entre 3200 et 1000 av. J.-C.

- **4** ensembles concentriques de pierres ceinturés par un fossé circulaire de **104 m** de diamètre.
- Le cercle extérieur : **30 m** de diamètre.
- Le cercle intérieur est composé de trilithes : des pierres de sarsen composées de **2** blocs verticaux surmontés d'un linteau.
- **32** blocs de grès bleu viennent du PAYS DE GALLES à **300 km** de là.
- Certains ont une hauteur de **4,50 m** et le plus lourd pèse **26** tonnes.

On a longtemps cru que les mégalithes avaient été érigés par les Celtes, peuples venus de l'est de l'Europe et migrant vers l'Occident à partir de 1000 av. J.-C. Au début du XIXe siècle, certains pensaient que les dolmens étaient des autels où les druides égorgeaient des victimes ! Il est fort possible que les monuments mégalithiques, existant à l'époque celte depuis plus de deux mille ans, aient servi de cadre à des cérémonies où officiaient des prêtres de la religion celte.

À la gloire des dieux égyptiens :

TEMPLES et OBÉLISQUES

Dans ce pays désertique parcouru par le long et majestueux Nil, chaque village, chaque cité et chaque région a son dieu. Les principaux dieux disposent de grandes demeures en pierre, gravées et peintes, hérissées d'obélisques, de colonnes et de statues géantes.

LE TEMPLE DE PHILAE

▲ *Demeure de la divinité, le temple égyptien est fermé par un pylône, façade qui évoque les montagnes entre lesquelles le soleil circule chaque jour.*

UNE LARGE ALLÉE FLANQUÉE DE BÉLIERS OU DE SPHINX – monstres à corps de lion et à tête humaine – précède l'entrée monumentale parée d'oriflammes et encadrée d'obélisques. Puis une succession de salles mènent à la chambre divine, la plus secrète, où se trouve le *naos*, un coffre abritant la statue du dieu.

Pharaon et ses prêtres

Le sanctuaire égyptien est une image du monde en réduction. Les plafonds étoilés des pièces représentent le ciel ; le sol et les colonnes aux chapiteaux en forme de lotus ou de papyrus figurent la terre. Au fur et à mesure que l'on s'approche de la chambre la plus sacrée, le plafond s'abaisse, le sol s'élève et l'obscurité s'accroît… Selon les croyances des Égyptiens anciens, les innombrables dieux qu'ils vénèrent assurent l'ordre et l'harmonie du monde. Pour que ceux-ci soient maintenus, les hommes se doivent de les honorer en leur rendant un culte. Cette tâche revient au pharaon, à la fois roi et chef religieux. Comme il ne peut être tous les jours présent dans chaque temple de son royaume, il délègue ses pouvoirs à des prêtres qui prennent soin de la divinité à qui est consacré le temple. Ainsi, au matin, ils réveillent, habillent et parfument la statue, puisqu'elle est censée être habitée par le dieu qu'elle représente, puis, à ses pieds, déposent des offrandes. Lors des fêtes, la statue est placée sur une barque sacrée et promenée en procession à l'extérieur du temple. Enfermée dans un coffre, elle reste invisible. À l'occasion de la fête annuelle d'Opet, célébrée entre 1555 et 1305 av. J.-C., le dieu Amon, honoré dans le sanctuaire de **KARNAK**, était porté par un cortège de prêtres pour aller en visite au temple de Louxor, distant de 3 km. En grande solennité, sa barque, suivie de trois autres contenant les statues de Mout, son épouse, de son fils Khonsou et du pharaon, se trouvait à la tête d'une grandiose procession où soldats, musiciens et danseurs se mêlaient aux prêtres.

ABOU SIMBEL

Comme le temple d'Isis à Philae, celui d'Abou Simbel était menacé d'engloutissement à la suite de la construction du barrage d'Assouan, dans les années 1960. Les deux sanctuaires ont dû être déplacés. Le temple d'Isis a changé d'île et celui d'Abou Simbel, après avoir été découpé en énormes blocs, a été remonté 65 m plus haut et à 180 m de distance. Cette gigantesque opération de sauvetage lancée par l'UNESCO a nécessité cinq ans de travaux.

La marque de Ramsès

Aujourd'hui, les vestiges des temples de cette ancienne capitale donnent une idée de leur démesure. Dans un inextricable fouillis de murs et de colonnes, les archéologues ont mis au jour les sanctuaires principaux dédiés à Amon, mais aussi des magasins, des ateliers, des écoles et les habitations des prêtres. Les deux cités religieuses de **KARNAK**et de **LOUXOR** portent l'empreinte du pharaon Ramsès II qui, à l'image des souverains le précédant ou lui succédant, chercha à les embellir. Il fit construire plusieurs temples dans l'enceinte sacrée de la première et édifier la grande cour à ciel ouvert bordée de colonnes dans la seconde. Sa présence plane encore dans ces lieux où trônent d'énormes statues qui le représentent. ●

L'obélisque de Paris

Il ne reste plus qu'un seul obélisque à l'entrée du temple de Louxor. L'autre orne la place de la Concorde à Paris depuis 1836. Cette aiguille de pierre taillée d'un seul bloc symbolise un rayon du soleil. Sa pointe pyramidale est couverte d'électrum (un alliage naturel d'or et d'argent) et les hiéroglyphes gravés évoquent les règnes de Ramsès II et Ramsès III.

Ramsès II

Colonnes à Karnak

L'allée de béliers de Karnak

Les principaux temples

Karnak

- Superficie : **30** hectares, l'équivalent de **50** terrains de football.
- Dimensions de la première porte monumentale du temple principal de KARNAK : **113 m** de largeur, **43 m** de hauteur, **15 m** de profondeur.
- GRANDE SALLE HYPOSTYLE (la plus grande de tous les temples égyptiens) : **52 m** de largeur, **103 m** de longueur.
- **134** colonnes dont six paires de colonnes hautes de **24 m**, de **3,30 m** de diamètre.
- **2 000** ans : c'est la durée du chantier pendant lequel les pharaons ont démoli et reconstruit.

Temple de Louxor

- Longueur : **260 m**.
- Nombre estimé de statues bordant l'allée : **700**.
- **11** statues colossales de Ramsès II dans la cour.

Temple d'Edfou

- Longueur : **137 m**.
- Largeur : **79 m**.
- Hauteur de la façade : **36 m**.

Temples d'Abou Simbel

- **4** statues colossales de Ramsès II sur la façade du grand temple, surmontées d'une corniche où sont sculptés **20** babouins.
- Les salles du temple s'enfoncent à une profondeur de **63 m**.
- **6** statues du pharaon et de son épouse Néfertari sur la façade du temple de Néfertari.

◄ Le dieu Horus à tête de faucon. Temple d'Edfou.

▲ La momie de Ramsès II.

Derniers feux

Le temple d'Edfou consacré au dieu Horus, celui de Dendérah érigé en l'honneur de la déesse Hathor et celui d'Isis à Philae sont les édifices les mieux conservés puisque leurs salles, leurs entrées monumentales et leurs toitures sont restées presque intactes. Datant de l'époque allant du IVe au Ier siècle av. J.-C., ils sont plus récents que les autres.

PHILAE

Puissantes et rayonnantes :
ATHÈNES et les cités grecques

▲ *Si les dimensions du Parthénon sont si harmonieuses, c'est qu'elles sont calculées d'après le « nombre d'or », le rapport entre la longueur, la largeur et la hauteur du bâtiment.*

À **L'IMAGE DU MONDE DES DIEUX** dominant le monde des hommes, l'**ACROPOLE** d'Athènes surplombe les quartiers bruissants de l'activité de ses habitants. Elle est couronnée par un ensemble de sanctuaires dédiés, pour la plupart, à la déesse Athéna, protectrice de la ville. Parmi eux, le **PARTHÉNON**, chef-d'œuvre d'équilibre et symbole de la puissance d'une cité.

La splendeur du marbre

Au Ve siècle av. J.-C., Périclès, gouverneur de la ville, demande au sculpteur Phidias de diriger l'équipe d'architectes chargée des travaux de reconstruction de l'**ACROPOLE** dévastée par les ennemis perses. Pour l'édification du **PARTHÉNON**, on utilise le plus beau des marbres, extrait des carrières du Pentélique, tandis que le plan de construction respecte des mesures strictes d'équilibre. Ainsi, la longueur du monument est le double de la largeur, et des colonnes qui supportent les parties hautes permettent de définir les espaces intérieurs couverts.

Un somptueux décor de marbre, rehaussé de vives couleurs, anime les frontons triangulaires peuplés de figures sculptées et la frise qui court tout autour de l'édifice. Celle-ci fait alterner des panneaux ornés de cannelures et des dalles sculptées, les métopes, ciselées par Phidias, représentant des combats mythologiques ou la procession rassemblant les citoyens d'Athènes lors de la fête des Panathénées organisée tous les ans en l'honneur d'Athéna. En contrebas du **PARTHÉNON** s'élèvent les **PROPYLÉES**, portes monumentales séparant le monde des hommes de la colline sacrée. À proximité, le **TEMPLE D'ATHÉNA NIKÉ** est un modèle de grâce.

Dans toute la Grèce antique, la même silhouette du temple dédié à un dieu protecteur s'impose. Élevé sur un lieu que les Grecs considèrent comme sacré, il se dresse le plus souvent au centre de la cité ou, plus rarement, isolé en pleine nature. Au fil du temps, grâce aux offrandes des fidèles, il arrive que l'édifice soit agrandi ou complété par d'autres bâtiments : théâtres, stades, gymnases. Il devient alors le centre d'un vaste espace sacré où les Grecs de toutes les cités viennent en nombre à des dates fixes pour célébrer les dieux majeurs. Les centres religieux d'**OLYMPIE** ou de **NÉMÉE** sont consacrés à Zeus, la plus puissante des divinités. Celui de **DELPHES** est dédié à Apollon, le

À RETENIR !

Quel style !

Pour élever les temples, les architectes grecs ont défini des styles, reconnaissables à la grosseur des colonnes, à la façon dont elles reposent sur leur soubassement de pierre, à la sculpture des chapiteaux. Le style dorique est plus sobre que le style ionique (caractérisé par d'élégantes volutes) ou le style corinthien où un fouillis de feuilles d'acanthe est représenté.

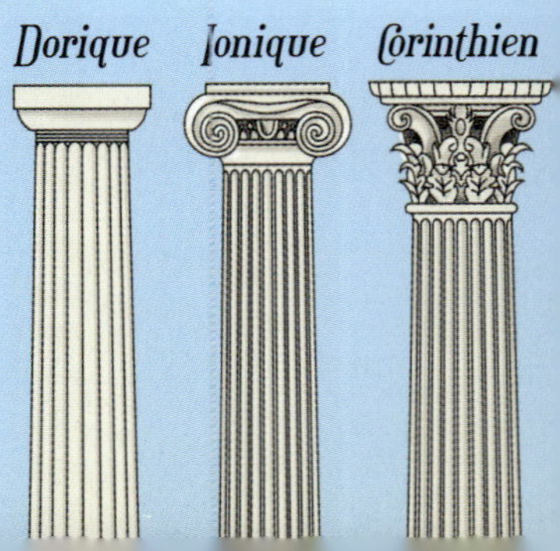

dieu des arts, tandis qu'à **ÉPIDAURE** on honore Asclépios, le dieu guérisseur. Dans une ambiance joyeuse, la foule de spectateurs acclame les concurrents qui viennent se mesurer aux autres dans les compétitions sportives, les fameux jeux à **OLYMPIE**, dans les concours de chant et de poésie comme à **DELPHES**. Enfin, à **ÉPIDAURE**, des représentations de tragédies et de comédies se succèdent de l'aube jusqu'au soir dans l'admirable théâtre en pierre adossé à la colline.

Devenu église, mosquée, puis poudrière, le **PARTHÉNON** explosa en 1687. Au XIXe siècle, Lord Elgin fit transporter en Angleterre une partie des sculptures, et notamment des fragments de la frise des Panathénées sculptée par Phidias. On peut les admirer au British Museum de Londres, au Louvre à Paris, et à Naples. Le gouvernement grec espère les faire revenir dans leur pays d'origine. ●

▲ *Le Parthénon sur l'Acropole d'Athènes.*

▲ *Le temple d'Apollon à Delphes.*

Les paroles de la Pythie

À Delphes, les Grecs se rendent en foule pour interroger Apollon, lui demander conseil. Sa réponse, appelée oracle, est donnée par une prêtresse, la Pythie, qui se trouve à l'intérieur du temple d'Apollon. Assise sur un trépied, elle mâche des feuilles de laurier, boit de l'eau et respire des vapeurs sacrées avant d'entrer en transe et de prononcer des paroles obscures que des prêtres sont chargés d'interpréter.

Une merveille

Comme celle d'Athéna Parthénos, la statue de Zeus à Olympie, œuvre du même artiste Phidias, est recouverte de feuilles d'or et de plaquettes d'ivoire assemblées sur une armature en bois. Considérée comme l'une des Sept Merveilles du monde antique, elle a disparu à jamais. Grâce à l'écrivain grec Pausanias, on sait qu'elle représentait Zeus assis en majesté sur un trône en ébène, la main gauche tenant un sceptre surmonté d'un aigle.

L'aurige de Delphes

Parmi les très rares statues en bronze datant du Ve siècle av. J.-C. ayant échappé à la destruction, cette œuvre d'art représente un conducteur de char grandeur nature, haut de 1,80 m. Retrouvée à Delphes, cette figure appartenait à un ensemble composé d'un char, de quatre ou six chevaux et d'un serviteur. Elle montre une grande perfection technique à travers les assemblages, le raffinement des détails : boucles plates de la chevelure, bandeau incrusté d'argent, yeux faits de verre et de pierre.

ÉTONNANT !

Effets d'optique

Ictinos, l'architecte du Parthénon, a été obligé de tricher pour tenir compte des déformations optiques... Il a donné au soubassement sur lequel reposent les colonnes une forme subtilement bombée. Il a incliné légèrement vers l'intérieur et bâti le fronton un peu courbé afin que l'œil n'ait pas l'impression que les colonnes sont mal alignées et qu'elles s'écartent vers le haut.

Les principaux temples

Le Parthénon d'Athènes

- Érigé entre **447** et **432** av. J.-C.
- **72,50 m** de longueur sur **34 m** de largeur.
- **100 pieds** antiques : longueur de la pièce abritant la STATUE D'ATHÉNA (environ 30 m).
- **46** colonnes de **10,50 m** de haut, de **2 m** de diamètre à la base.
- **22 000** tonnes de marbre.
- STATUE DE LA DÉESSE ATHÉNA : **12 m** de haut recouverte d'ivoire et de **1 048** kg d'or.

Le temple de Zeus à Olympie

- LONGUEUR : **60,32 m**, LARGEUR : **23,82 m**.
- **38** colonnes.
- STATUE DE ZEUS : haute de **12 m** en or et en ivoire, considérée comme l'une des SEPT MERVEILLES du monde antique.
- **200 000** spectateurs : capacité du stade, un simple talus en terre encadrant la piste longue de **192,27 m**, correspondant à **600** fois le pied du héros surhumain HÉRAKLÈS, à l'origine des JEUX OLYMPIQUES, selon la légende.

Temple d'Apollon à Delphes

Situé en contrebas du mont Parnasse

- Il succède à **2** autres édifices détruits par le feu et par un tremblement de terre.
- Édifié entre **370** et **340** av. J.-C. **60,32 m** de longueur sur **23,82 m** de largeur.
- Environ **20** « trésors », des chapelles votives élevées par les cités et contenant leurs offrandes.
- Capacité du THÉÂTRE DE DELPHES : **5 000** spectateurs répartis en **35** rangées.

Un empire qui se veut à l'abri : La Grande Muraille

Sur une longueur de 6 500 km, elle court le long des fleuves, serpente dans le creux des vallées et épouse les contours des montagnes et de leurs crêtes, « comme un dragon entortillé s'étirant depuis la nuit des temps », affirmait André Malraux.

LA GRANDE MURAILLE

LA GRANDE MURAILLE DE CHINE appelle de nombreux superlatifs tant elle est spectaculaire. La plus longue construction humaine au monde, le plus grand ouvrage défensif de toute l'Histoire, la réalisation la plus coûteuse en vies humaines, en matériaux, etc.

La Grande Muraille en chiffres

- **2 000** ans : c'est la durée de sa construction (du IXe siècle av. J.-C. au XVIIe siècle).
- **6 500 km** de long entre la frontière avec la CORÉE jusqu'au DÉSERT DE GOBI.
- **50 000 km** : c'est la longueur totale de l'ouvrage en mettant bout à bout les multiples tronçons.
- LARGEUR DES MURS : entre **5** et **7 m**.
- HAUTEUR DES MURS : entre **5** et **17 m**.
- **1,5 million** de personnes mobilisées pour la construction pendant le règne du premier empereur Qin.
- **20 000** tours de guet, soit une tour tous les **100** ou **200 m**.
- **1987** : date d'inscription au Patrimoine mondial de l'UNESCO.

Un chantier titanesque

Dans le but de se protéger des incursions de nomades venus du nord, **QIN**, le premier empereur (221-210 av. J.-C.), mobilise une énorme main-d'œuvre pour relier les différents tronçons des remparts élevés par des rois ou des seigneurs depuis le IXe siècle av. J.-C. Ce souverain qui unifie le pays se lance dans un chantier titanesque, puisqu'il a le projet de faire courir cette construction sur 3 000 km : de l'océan, à l'est, jusque vers l'actuelle province de Gansu, au-delà du fleuve Jaune, à l'ouest. Pendant des dizaines d'années, soldats, paysans, condamnés acheminent terre, briques et pierrailles pour ériger la muraille et la renforcer par endroits avec des blocs de pierre. Elle est flanquée de tours de guet afin que des soldats y assurent la surveillance. Nombreux sont ceux qui meurent à la tâche, parfois ensevelis à même la muraille. « Chaque pierre de la **GRANDE MURAILLE**, dit la légende, coûta une vie humaine. »

Le mur au fil du temps

Au cours des siècles suivants, les empereurs chinois poursuivent l'œuvre lancée par leurs prédécesseurs. Les **HAN** (entre 206 av. J.-C. et 220) la prolongent, alors que les souverains qui leur succèdent se contentent d'entretenir l'ouvrage de défense. Pourtant, le mur se montre peu efficace lorsque le terrible Mongol **GENGIS KHAN** envahit la Chine avec sa horde de cavaliers en 1211.

Cela n'empêche pas les empereurs **MING** (1368-1644) de croire encore en son rôle stratégique. Ils se lancent dans une entreprise tout aussi audacieuse qu'au IIe siècle av. J.-C., puisqu'il s'agit d'édifier un autre rempart au sud de l'ancien pour contenir la menace mongole. Une formidable enceinte sort alors de terre, bien plus impressionnante que la première. Elle est jalonnée de plus de 10 000 portes fortifiées et de 15 000 tours de guet où les soldats entretiennent un feu en permanence pour transmettre des signaux de fumée d'un poste à l'autre jusqu'à **PÉKIN**, la capitale de l'empire. Une corniche borde la totalité de la construction. C'est un chemin de ronde pavé de pierres et protégé de murs hérissés de créneaux. Il est suffisamment large pour que cinq cavaliers y circulent de front et que des troupes arrivent et manœuvrent en grand nombre. Lorsque, au XVIIe siècle, les frontières de l'empire de Chine sont repoussées pour s'étendre bien au-delà de la **MURAILLE**, l'ouvrage fortifié perd de son importance. Délaissé, il se détériore et est même partiellement détruit. ●

Un fortin

Détail des créneaux

À LIRE !

La légende de Chiang Nu

Une légende raconte que Chiang Nu, inquiète de ne pas voir rentrer son époux parti quelques années plus tôt sur le chantier de construction de la Muraille, se décida à aller le chercher. Quand elle arriva, les soldats qui montaient la garde lui apprirent que le malheureux était mort d'épuisement depuis longtemps, comme des milliers d'autres ouvriers. « Pour le revoir, ajoutèrent-ils en ricanant, il faudrait que tu démolisses la Muraille ! » Alors Chiang Nu se tourna vers les dieux en les implorant et pleura. Elle versa tant de larmes que la Muraille finit par s'écrouler. Parmi les pierres, Chiang Nu retrouva le corps de son mari qu'elle ramena au village pour lui donner une sépulture digne de ce nom.

▲ *L'armée enterrée de soldats en terre cuite de Xi'an en Chine. Chaque statue est à taille réelle (environ 1,80 m) et elles sont toutes différentes !*

▲ *Le mur d'Hadrien en Angleterre.*

D'autres MURS

L'autre ouvrage de fortification le plus célèbre dans l'histoire est le *limes* romain, un mur de défense construit au IIe siècle le long de la frontière de l'empire, au moment où il connaît sa plus grande extension. Il s'étend sur 5000 km. Aujourd'hui, il ne reste plus que des murs, des fossés, des tronçons de remparts. Ceux qui subsistent au nord de l'Angleterre sont des vestiges du « mur d'Hadrien », construit à partir de 122 pour protéger cette partie de l'empire des incursions barbares : les tribus peuplant l'actuelle Écosse. Le « mur d'Antonin », érigé peu après, est situé plus au nord du pays.

Muraille multifonction !

Outre sa fonction défensive, la Grande Muraille a joué un rôle politique dans l'unification de la Chine et de ses ethnies. Elle a aussi connu une fonction économique : des villes fortifiées et des marchés se créèrent au point de jonction de la muraille et des routes commerciales. Enfin, elle joua un rôle écologique en formant une barrière contre les vents du désert.

ÉTONNANT !

Faux, et archifaux !

Pendant des décennies, on a affirmé que la Muraille était le seul monument visible à l'œil nu depuis l'espace. Il s'agit d'une légende, car il est même impossible de distinguer la ville de New York dont la superficie est bien plus importante que le plus grand tronçon de la Muraille. Celle-ci, construite en terre et en briques, n'a aucune chance d'être vue de si loin puisqu'elle n'est ni un corps brillant ni un réflecteur...

« Celui qui n'a pas escaladé la Grande Muraille n'est pas un homme véritable. »
Proverbe chinois

Mystérieuse et silencieuse : PÉTRA

PÉTRA, JORDANIE

SANS SON DÉGUISEMENT, JOHANN LUDWIG BURCKHARDT n'aurait pas été le premier Européen à accéder à ce site fascinant en plein cœur de l'actuelle **JORDANIE**, sur lequel les Bédouins de la contrée veillent jalousement.

Les mystères du rocher

Les archéologues prennent peu après la relève pour l'étudier et percer les mystères de la civilisation disparue des **NABATÉENS**, un peuple méconnu.

À présent, on sait qu'il est issu d'une tribu arabe nomade qui se serait établie au IIe siècle av. J.-C. dans cet endroit étonnant : un cirque naturel cerné par des montagnes de grès vertigineuses et accessible par un étroit défilé.

Le lieu offre une remarquable protection contre des envahisseurs, l'eau y est abondante en dépit du climat désertique et il se trouve à la croisée de routes caravanières où des marchandises transitent entre l'Égypte, l'Arabie et l'Inde.

Durant trois siècles, **PÉTRA** (« rocher » en grec) est la capitale florissante du petit royaume des **NABATÉENS** qui doit sa prospérité au commerce. Là s'échangent ou sont gardés, dans des entrepôts sûrs et bien protégés, encens, myrrhe, épices, aromates, bois précieux ou animaux rares (singes ou paons) : des produits de grande valeur. La cité, peuplée de 30 000 habitants, est alors quadrillée de rues. Le long de l'artère principale, jalonnée de plusieurs places où se traitent les affaires du trafic caravanier, s'élèvent maisons, échoppes et temples à colonnes. D'autres édifices, taillés dans la roche de grès rose, se dressent au cœur de la cité, comme le temple aux lions ailés, le **QSAR EL BINT FIRAOUN** (« Citadelle de la fille

Une faille comme porte d'entrée

Si Pétra a longtemps résisté aux envahisseurs et si elle a été oubliée pendant des siècles, c'est grâce à son emplacement et à sa voie d'accès unique : le *siq*. Il s'agit d'un long défilé de plus d'un kilomètre, large d'à peine quelques mètres, qui se taille un chemin entre les falaises hautes par endroits de plus de 100 m. C'est le cours d'eau Wadi Moussa qui creusa ici son lit, avant de le délaisser pour s'écouler ailleurs.

du pharaon »). Ils sont tous dédiés aux divinités nabatéennes : le dieu Dushara et sa mère el-Uzza. Les constructions les plus impressionnantes sont les nombreuses tombes creusées dans les parois rocheuses et ornées de façades magnifiquement sculptées, inspirées de l'art grec. Le **KHAZNEH FIRAOUN** (« Maison du trésor ») symbolise à lui tout seul la grandeur et le mystère du lieu. Il doit son nom à la croyance, solidement ancrée chez les Bédouins, en un trésor provenant d'un pharaon. Il aurait été enfermé dans une urne ciselée dans la pierre et placée au sommet de la façade.

Endormie dans la pierre

Aujourd'hui, les archéologues avancent que ce majestueux monument serait le mausolée d'un des derniers souverains **NABATÉENS**. Sa décoration raffinée rappelle celle qui était en vogue à Alexandrie, capitale de l'Égypte depuis le IIIe siècle av. J.-C., avec laquelle les **NABATÉENS** entretenaient des relations commerciales intenses. Ce peuple bâtisseur démontre aussi sa grande maîtrise technique pour capter l'eau, la mettre en réserve et l'utiliser pour l'agriculture. Un réseau de canalisations et de citernes permet d'acheminer l'eau vers des parcelles où poussent céréales et pieds de vigne.

L'ouverture par les Romains de routes commerciales maritimes porte un coup fatal à Pétra qui est peu à peu délaissée. Elle ne peut résister à l'occupation romaine (106 apr. J.-C.), puis à la conquête arabe et à celle des croisés. Endormie dans la pierre, Pétra tombe peu à peu dans l'oubli pendant de longs siècles. Le peuple nabatéen aussi. Il demeure à ce jour largement méconnu. ●

À LIRE !

Nuweri, chroniqueur arabe du XIIIe siècle, évoquant les tombes de Pétra qu'il prend pour des maisons :

« Ce sont des excavations dans la montagne aux formes magnifiques, habitations décorées de colonnes et munies de portes ; les façades de ces maisons sont ornées de sculptures taillées dans la pierre au ciseau et toutes gravées d'images et de formes. On retrouve à l'intérieur des salles voûtées, des banquettes qui se font vis-à-vis, des trésors et des harems. »

▲ *Le Khazneh Firaoun ou « Maison du trésor ».*

▲ *Le « monastère ».*

◀ *Détail d'un escalier.*

▲ *Le Triclinium aux Lions abrite cette salle de banquet rupestre à banquettes.*

Pétra en chiffres

- Superficie du site : **80 km²**.
- **800** monuments taillés dans la pierre.
- Dimensions de la façade du KHAZNEH FIRAOUN : **43 m** de haut, **30 m** de large.
- **3** salles à l'intérieur, la plus grande a une superficie de **150 m²**.
- **4 000** : c'est le nombre de spectateurs que peut contenir le théâtre creusé dans la roche, composé de **34** rangées de gradins.
- Dimensions du plus long tunnel conduisant les eaux du cours d'eau à travers la montagne : **88 m** de long sur **6 m** de haut.
- **1 %** seulement de la superficie de PÉTRA aurait été fouillé à l'heure actuelle.
- **1985** : date d'inscription au Patrimoine mondial de l'UNESCO.
- **300 000** touristes par an.

Mesa Verde

Sur les flancs de ce plateau crevassé, situé au sud-ouest des États-Unis, sont creusés des villages composés de maisons en terrasses à plusieurs étages et, dans certains cas, des centaines de pièces. Ces maisons, taillées dans le grès jaune, auraient été occupées à partir du VIe siècle par les Anasazis, ancêtres des Indiens sédentaires, appelés « pueblos ». Pourquoi, au XIIIe siècle, quittent-ils définitivement ces villages ? On l'ignore.

ROME

▲ *Inauguré en 79 apr. J.-C., le Colisée était couvert d'un velum afin d'abriter du soleil les 50 000 spectateurs. La piste pouvait être inondée afin d'accueillir les naumachies, de somptueuses joutes nautiques.*

CETTE CITÉ GÉANTE, DÉBORDANT LARGEMENT DE SON MUR D'ENCEINTE construit six siècles plus tôt, compte 1,2 million d'habitants. Elle peut se targuer d'être à la fois le lieu de résidence de l'empereur tout-puissant, le centre du gouvernement et la métropole religieuse, culturelle où convergent toutes les routes de l'empire. Les grands programmes de construction ainsi que les incendies ravageurs de 64, 80 et 104 transforment à plusieurs reprises le visage de la ville.

Le Forum, cœur de Rome

Les vastes quartiers du **CAPITOLE** et du **FORUM** ne sont qu'un enchevêtrement de bâtiments où les empereurs ont accumulé édifices de prestige à la gloire des dieux et d'eux-mêmes : temples, statues, colonnes, arcs de triomphe. Alors que le **FORUM** était jadis la place principale où l'on traitait des affaires de la cité, il est à présent, comme le **CAPITOLE**, réservé aux cérémonies religieuses. Plus loin, des constructions imposantes barrent l'horizon. Ce sont les aqueducs, sortes de ponts en arcades enjambant les faubourgs qui acheminent l'eau vers quelques maisons luxueuses, les nombreuses fontaines et les thermes gigantesques élevés aux quatre coins de la ville. Là, des armées d'esclaves prennent soin de leurs clients qui viennent se laver, se détendre, bavarder ou faire du sport.

Du pain et des jeux

ROME est une «ville de fainéants», a-t-on l'habitude d'entendre ou dire. Une foule d'oisifs vit de pain distribué gratuitement et de spectacles donnés dans les cirques et les amphithéâtres, à l'occasion des 175 jours fériés de l'année. Autant d'hommes qui peuplent le **CIRCUS MAXIMUS**, une enceinte de 300 000 places où des courses de chars déchaînent les passions. Dans l'immense amphithéâtre du Colisée se déroulent des spectacles cruels : combats de gladiateurs, chasses ou batailles navales sous les yeux de 50 000 personnes. L'arène ovale cache des rampes mobiles, un système de monte-charge et un réseau de salles et de tunnels. La splendeur des édifices publics contraste vivement avec les quartiers à l'allure misérable où s'entasse la majorité de la population. Celle-ci vit dans les *insulae*, des immeubles sans confort, construits en bois et hauts de trois à cinq étages. Des rues étroites et boueuses les bordent. Salies par les ordures qu'on jette par les fenêtres, elles sont encombrées tout le jour par les marchands ambulants, les passants et les chaises à porteurs... La nuit, elles ne sont pas plus praticables : chars, chariots et charrettes les sillonnent à vive allure, car leur circulation est interdite le jour !

Quoi qu'il en soit, **ROME** est un modèle qui s'exporte dans tout l'empire. À son image, des villes nouvelles sortent de terre, se parent de statues et se dotent d'édifices publics pour devenir les vitrines d'un mode de vie enviable, «à la romaine». ●

À LIRE !

Légende des origines de Rome racontée par deux écrivains latins de l'Antiquité: Virgile et Tite-Live.

« Il était une fois deux jumeaux, Remus et Romulus, héritiers du trône qui venait d'être usurpé par Amulius. Pour les éloigner de ce dangereux personnage, la mère place ses enfants dans une corbeille et les confie aux eaux du Tibre qui les conduit jusqu'au pied du mont Palatin. Là, une louve les allaite jusqu'à ce qu'un berger les recueille. Devenus adultes, les deux frères décident de fonder une ville à l'emplacement où la louve les a sauvés. Mais une dispute éclate et tourne mal. Romulus tue Remus et devient le roi de la cité à laquelle il donne son nom… »

▲ *Casques de gladiateurs.*

Rome en chiffres

- **7** : c'est le nombre de collines qui entourent Rome. Au IIe siècle, la ville les englobe.
- **3 m** : c'est la hauteur de la borne milliaire qui se dresse au centre du Forum. Toutes les distances, comptabilisées en milles (un mille équivaut à 1481 m), sont calculées à partir de ce point.
- **13** aqueducs convergent vers Rome. L'eau est recueillie dans **247** châteaux d'eau. Chaque habitant peut disposer de **800** litres d'eau par jour.
- **3** réseaux d'égouts desservent les quartiers du centre.
- **80 km** de rues.
- **20 m** : c'est la hauteur maximale autorisée des immeubles.
- **200** thermes.
- Pendant **100** jours, l'empereur Titus donne des jeux à l'occasion de l'inauguration du Colisée. **9 000** fauves et **2 000** gladiateurs trouvent la mort.
- **200 000** personnes considérées comme pauvres reçoivent chacune **35 kg** de blé par mois.

Le plan type d'une ville

▶ *Un aqueduc. Les arches ne sont que la partie découverte de ces ouvrages qui pouvaient avoir 10, 20 ou 100 km de long. L'essentiel était couvert.*

Dans les territoires qu'ils contrôlent pendant cinq siècles, les Romains fondent ou aménagent de nombreuses villes sur le même modèle: un plan en échiquier s'inspirant des camps militaires tels que les soldats les dressaient. Le tissu urbain intègre des îlots d'habitations quadrillés par un réseau de rues, le quartier central du Forum situé au carrefour des deux rues principales, où se concentrent des édifices publics (la basilique, une grande salle de réunion publique, la curie pour les besoins de l'administration, les temples…). Un peu plus loin s'élèvent les bâtiments voués aux divertissements: thermes, théâtre, odéon pour les concerts, amphithéâtre…

Dans l'intimité des maisons

Au cœur de la ville, à l'abri de hauts murs, se cachent les maisons des Romains les plus fortunés. Vastes, pourvues de tout le confort (thermes privés, toilettes), elles sont le reflet d'un art de vivre raffiné. L'entrée donne sur les pièces de réception: l'atrium, doté d'un bassin recueillant l'eau de pluie, le péristyle, une cour bordée de colonnes s'ouvrant sur un jardin. À l'arrière se trouvent les pièces réservées à la vie de la famille: salle à manger, chambres et cuisine.

Au cœur de la forêt tropicale :

Les CITÉS MAYAS

TIKAL, GUATEMALA

LORSQUE LES PREMIERS SITES MAYAS, effacés de la mémoire des hommes depuis longtemps, sont découverts et délivrés de l'emprise de la forêt, il y a deux siècles, on cherche à lever le voile sur ce peuple oublié. Qui était-il ? Quelles étaient les fonctions des gigantesques constructions ? Comment furent-elles édifiées ?

La gloire d'un peuple

Aujourd'hui, on sait que l'on doit à ce peuple la civilisation la plus prestigieuse de l'Amérique ancienne. Regroupé dans des cités-États contrôlant chacune plusieurs villages, il domine un territoire qui s'étend au sud du **MEXIQUE**, au **HONDURAS**, au **BELIZE**, au **SALVADOR** et au **GUATEMALA** actuels. Son histoire s'étire sur une longue période, mais c'est entre 250 et 900 qu'il atteint son plus haut niveau de développement.

Les cités-États les plus puissantes, comme **TIKAL**, **PALENQUE** ou **COPAN**, exercent leur domination sur d'autres, plus modestes, et s'affrontent pour agrandir leur aire d'influence et consolider leur position, sans qu'aucune d'elles ne parvienne à s'imposer. Elles sont peuplées de milliers d'habitants et leurs centres sont couverts d'édifices spectaculaires en pierre.

D'innombrables pyramides

Ignorant les outils en métal et l'usage de la roue, ils construisent autour de larges places et sur d'immenses plates-formes des pyramides à étages surmontées de temples, des tours observatoires, des palais et des terrains de jeu de balle. Une accumulation qui semble être le résultat de la surenchère que se livrent entre elles les cités-États. Les plus puissantes comptent plusieurs milliers de bâtiments. À leur tête, le roi, considéré tel un dieu, se doit de vivre dans un palais somptueux, de faire ériger à la gloire de ses ancêtres des temples à la décoration la plus riche, au sommet des pyramides les plus hautes, pour en imposer à la fois à ses sujets et à ses rivaux. Les pyramides peintes en rouge comme à **TIKAL** sont faites de plates-formes superposées qui portent sur leurs flancs des escaliers allant en se rétrécissant pour donner au bâtiment une allure élancée et diriger le regard vers le sommet où se déroulent des

Le jeu de balle

▲ *Lorsque la balle traverse l'anneau du terrain de jeu, les joueurs marquent un point. Les anneaux sont fixés au sommet des parois à la verticale et non à l'horizontale comme un panier de basket-ball.*

Sur des terrains qui s'étendent dans l'espace sacré de chaque cité-État s'affrontent des équipes de 2 à 12 joueurs. Ils doivent faire passer une balle de caoutchouc à travers l'un ou l'autre anneau de pierre scellé dans chaque mur incliné parallèle à une allée centrale. Les parties se déroulent à des moments particuliers et ont une fonction religieuse : mimer la course du Soleil.

rites sacrés. Les pyramides sont alignées sur le Soleil, la Lune et les étoiles : des astres scrutés du haut des observatoires (autres monuments caractéristiques de la civilisation maya) par des prêtres – savants qui calculent le temps pour élaborer des calendriers, fixer les fêtes, prévoir la venue de cycles défavorables aux hommes. Leurs observations minutieuses leur permettent d'évaluer la révolution de Vénus au jour près (584 jours), de calculer l'année solaire avec une précision extrême et de prévoir les éclipses. Leur niveau de connaissances n'aurait jamais été atteint sans un système mathématique élaboré. Les **MAYAS** utilisent comme unité la vingtaine (alors que nous utilisons la dizaine) comprenant le signe zéro, peuvent manier de très grands nombres et effectuer des calculs à l'infini. ●

◀ *Pierre gravée portant un calendrier maya.*

À RETENIR !

Rayée de la carte

Guerre ? Catastrophe naturelle ? Famines ? Épidémies ? Pour quelle raison la civilisation maya s'effondre-t-elle brusquement, en plein âge d'or, au IXe siècle ? Les historiens expliquent le déclin par la combinaison de situations défavorables. Une catastrophe écologique (sécheresse, par exemple) aurait entraîné des guerres violentes entre les cités. Celles-ci auraient obligé la population à abandonner les cités…

▶ *Teotihuacan (Mexique) fut la plus vaste, la plus peuplée et la plus vénérée des cités mayas.*

Teotihuacan

Descendants ou voisins ?

Les Aztèques qui imposent leur domination au Mexique à partir du XIVe siècle ne sont ni les descendants des Olmèques ni ceux des Mayas. Pourtant, tous ces peuples voisins d'Amérique centrale se succédant au fil des siècles partagent quelques croyances communes et honorent parfois les mêmes divinités. Pour elles, ils élèvent des monuments grandioses et notamment des pyramides à étages dominant l'espace sacré de leurs cités.

La civilisation Maya en chiffres

- Superficie de la zone de la CIVILISATION MAYA : **400 000 km²**.
- **80** sites ont été retrouvés enfouis dans la forêt d'AMÉRIQUE CENTRALE.
- **3** périodes à distinguer au cours de l'histoire des MAYAS :
  - Période préclassique (2 600 av. J.-C. à 250 apr. J.-C.).
  - Période classique (250 à 900), la plus brillante.
  - Période postclassique (900 à 1521 : arrivée des Espagnols) en déclin.
- **3 000** édifices à TIKAL, une des plus grandes cités-États comptant entre **20 000** et **40 000** habitants.
- **70 m** : taille de la plus haute pyramide maya s'élevant à TIKAL.
- Nombre d'escaliers construits sur les flancs de la pyramide El Castillo à CHICHEN ITZA : **4**. Trois comptent **91** marches, le quatrième **92** : cela fait un total de **365**, soit une marche pour chaque jour de l'année.
- Dimensions du palais d'UXMAL : **98 m** de long, **12 m** de large et **8 m** de haut.
- **7** terrains de jeux à Chichen Itza.

Chichen Itza, Mexique.

▲ *Masque maya.*

À LIRE !

John L. Stephens, découvreur des Mayas. 1841.

« Le mur était en pierre de taille, bien construit et en bon état de conservation. Nous le gravîmes par les grandes marches de pierre, impeccables à certains endroits et défoncées à d'autres par des arbres qui avaient poussé dans leurs fissures, et atteignîmes une terrasse dont il était impossible de distinguer la forme à cause de la densité de la forêt dans laquelle elle était enfouie. Notre guide nous fraya un passage à l'aide de sa machette, et nous parvînmes à l'angle d'un édifice doté de marches sur les côtés, de forme et d'apparence semblables - pour autant que les arbres nous permettaient de les discerner - aux côtés d'une pyramide. »

La splendide ville-temple : ANGKOR

Elle paraît aujourd'hui sauvée du néant : ses restaurateurs ont eu raison de la forêt envahissante, des soldats et des pillards qui semblaient s'être coalisés pour la détruire ou la laisser en ruine. Il faut imaginer le temps où ce lieu fut la capitale fastueuse du royaume khmer, toute scintillante d'or...

ANGKOR VAT, CAMBODGE

▲ *Dressées vers le ciel à une hauteur de 65 m, les tours pyramidales d'Angkor Vat se reflètent dans le canal creusé devant le temple. Longtemps envahies par la jungle, les ruines sont désormais protégées.*

C'EST ENTRE LE IXe ET LE XIIIe SIÈCLE que les souverains **KHMERS**, maîtres d'un empire situé en Indochine, édifient ce vaste ensemble urbain au nord du lac Tonle-Sap, en plein cœur du **CAMBODGE**...

La demeure de Vishnou

Et la démesure ne les effraie pas ! Au milieu d'un réseau dense de canaux et de rizières surgit **ANGKOR VAT** (la « ville-temple ») : l'immense sanctuaire édifié par le roi Suryavarman II (1113-1152) à la gloire du dieu hindou Vishnou. Sur un rectangle de 1 000 m sur 850 m bordé d'un canal, cinq enceintes en pierre s'emboîtent pour entourer le temple central et cinq tours reposant sur des terrasses. Il faut y voir la représentation de l'univers. Le temple figure la montagne Meru, demeure des dieux hindous, les tours symbolisent les autres monts voisins et les enceintes représentent les limites du monde. Le chantier – titanesque – dure des décennies. Près d'un million de tonnes de pierres sont acheminées pour servir de revêtements aux édifices qui sont bientôt couverts de sculptures. Elles illustrent les légendes des dieux hindous ainsi que les étapes de la vie glorifiée du souverain bâtisseur. Selon son vœu, il repose, à sa mort, au centre de la gigantesque construction qui est désormais entourée d'une grande ville abritant nobles et prêtres.

Glorieuse époque

Quelques décennies plus tard, le roi Jayarvarman VII (1181-1219) donne à la **CIVILISATION KHMÈRE** son ultime éclat. Après avoir repoussé les limites de l'empire englobant, en plus du Cambodge, le Vietnam du Sud, le Laos, la Thaïlande et la Birmanie actuels, il cherche à immortaliser son règne dans la pierre. À Angkor, où il a l'ambition de surpasser tout ce qui a été édifié jusque-là, il fonde **ANGKOR THOM** (la « grande ville royale ») au nord du grand sanctuaire hindou. Elle sert d'écrin à une merveille, le temple du **BAYON**, consacré à Bouddha, le dieu du souverain khmer depuis que celui-ci a fait du bouddhisme la religion d'État. Les dizaines de tours

Borobudur

Il existe une autre merveille bouddhique en Asie du Sud-Est. Il s'agit du sanctuaire de Borobudur situé dans l'île volcanique de Java, en Indonésie. Élevé au IXe siècle, il comprend huit terrasses. Les cinq premières symbolisent la vie terrestre de Bouddha. Les plus élevées représentent le monde de l'esprit. Au point le plus haut trône un *stûpa*, monument commémoratif propre au bouddhisme. Celui-là ne contient aucune statue. Il est totalement vide car il se veut l'expression de la sérénité intérieure absolue.

portent des centaines de visages du Bouddha souriants et paisibles sculptés dans la pierre. À l'intérieur, des statues façonnées dans des métaux rares et rehaussées de pierres précieuses lancent des éclairs de lumière dans la pénombre. C'est probablement sur la Terrasse des éléphants du palais royal que se déroulent les cérémonies, présidées par l'empereur juché sur le dos de son éléphant aux défenses dorées, entouré de ses épouses, de ses concubines portées sur des brancards en or et accompagnées de porteurs de parasols qui les protègent des rayons ardents du soleil.
Après l'invasion siamoise de 1431, Angkor ne pourra jamais retrouver sa magnificence perdue. Les rois **KHMERS** abandonnent la capitale fondée par leurs prédécesseurs ; la forêt tropicale reprend ses droits et impose sa loi. Jusqu'à ce que des voyageurs européens révèlent son existence à la fin du XIXe siècle… ●

À LIRE !

Extrait de *Un pèlerin d'Angkor*, de Pierre Loti, écrivain voyageur. 1913.

« Je lève la tête vers ces tours qui me surplombent, noyées de verdure, et je frémis tout à coup d'une peur inconnue en apercevant un grand sourire figé qui tombe d'en haut sur moi… et puis un autre sourire encore, là-bas sur un autre pan de muraille, et puis trois, et puis cinq, et puis dix ; il y en a partout, j'étais surveillé de toutes parts… Ils sont de proportions tellement surhumaines, ces masques sculptés en l'air, qu'il me faut un moment pour les comprendre ; ils sourient sous leurs grands nez plats et gardent les paupières mi-closes… On dirait des vieilles dames discrètement narquoises… »

Angkor en chiffres

- **50 km** d'est en ouest.
- **100** temples (environ).
- **1 000 000** d'habitants au XIIIe siècle.

Angkor Vat

- TEMPLE PRINCIPAL : construit sur un rectangle de **215 m** sur **197 m**.
- **2 000 m²** de sculptures au premier étage. Les tours s'élèvent jusqu'à **65 m**.

Angkor Thom

- MURAILLE carrée de **4 km** de côté entourée par un canal de **90 m** de large.
- GRANDE MARE ROYALE : **120 m** sur **40 m**.
- TEMPLE DU BAYON : **54** tours portant **216** visages de Bouddha.

- **1860** : découverte du site par le Français Henri Mouhot.
- **1898** : début des fouilles et des restaurations.
- **1972** : abandon du site en raison de la guerre civile.
- **1992** : date d'inscription au Patrimoine mondial de l'UNESCO.

Statues et bas-reliefs illustrent l'histoire et la mythologie.

Le temple-MONTAGNE

C'est ainsi que l'on nomme le temple hindou construit en pierre à partir du Ve siècle, car il repose sur une base carrée et s'élève sous la forme d'une pyramide plus ou moins massive qui évoque le mont Méru, séjour mythique des dieux et axe de l'univers. Une salle à colonnes accueille les fidèles qui déposent leurs offrandes. Ils ne peuvent accéder à la salle qui abrite l'image du dieu auquel le sanctuaire est dédié. Elle est réservée aux prêtres, les brahmanes.

ANGKOR THOM

Un des 216 visages de Bouddha, du temple du Bayon.

ANGKOR VAT

Les temples s'ouvrent sur plusieurs cours intérieures.

Partout sur les murs, les apsaras, ou danseuses célestes.

Des colosses en plein océan :

L'ÎLE DE PÂQUES

Debout ou gisants, ils résistent aux assauts du vent, des embruns et du soleil, sur l'île la plus isolée de la planète, au cœur de l'immense océan Pacifique. Depuis leur découverte, murés dans leur silence, les moai défient les scientifiques et leur mystère reste presque entier...

LES MOAI DE RAPA NUI

C'EST PARCE QUE L'ÎLE A ÉTÉ ABORDÉE par le premier Européen le dimanche de Pâques de l'an 1722 qu'elle est appelée « île de Pâques ». Le récit de voyage du découvreur, le Hollandais Jacob Roggeveen, évoque la présence de statues façonnées selon lui dans l'argile. Mais c'est l'explorateur anglais James Cook qui fait entrer le lieu et son étrange armée de sculptures dans l'histoire.

Colosses en série

Sur ce minuscule rocher volcanique, les **MOAI**, au nombre de près d'un millier, exhibent leurs traits grossiers : nez et mentons pointus, longues oreilles, bras serrés le long des corps, ventres proéminents. Certains tournent le dos à la mer, d'autres s'alignent en rangs serrés le long du rivage, installés sur des terrasses de pierre (les ahu) ou fichés dans le sol. D'autres encore gisent renversés ou abandonnés par leurs sculpteurs dans les flancs du volcan à divers stades de fabrication. Même s'ils n'ont pas tous la même taille, ils ont tous été taillés dans la même roche, le tuf assez tendre du volcan **RANO RARAKU** dominant l'île, à l'aide de pics en pierre dure, probablement du basalte. La technique utilisée pour le transport des pierres, dressées à une dizaine de kilomètres des carrières dont elles ont été extraites, reste encore discutée. Les plus lourdes, surmontées d'une sorte de couvre-chef, atteignent le poids faramineux de 80 tonnes. Comme les mégalithes en Europe à l'époque de la préhistoire, des hommes en grand nombre ont dû soulever, glisser sur les pentes du volcan et redresser les colosses en s'aidant de cordages, de troncs d'arbres, de pierrailles, au prix d'efforts surhumains.

Mystères d'un peuple

Qui sont les personnages figurés par ces statues ? Probablement des ancêtres divinisés choisis parmi les grands personnages de l'histoire du lieu. Celle-ci aurait commencé vers 500, lorsque des **POLYNÉSIENS** venus de l'**ARCHIPEL DES MARQUISES** s'y installent. Marins exceptionnels, ils sont capables de franchir de longues distances à bord de pirogues doubles à voile et de se repérer en interprétant les variations du vent, la direction de la houle et en se guidant d'après les astres. Sur l'**ÎLE DE PÂQUES**

D'autres têtes colossales

Tout aussi énigmatiques, ces têtes colossales ont été retrouvées au Mexique et auraient été sculptées par les Olmèques, un peuple d'Amérique centrale établi entre 1700 et 300 av. J.-C. Taillées dans des blocs de basalte pesant entre 10 et 40 tonnes, elles représentent des têtes humaines qui pourraient être celles des souverains. Leur fabrication et surtout leur transport (les carrières sont distantes d'une centaine de kilomètres de San Lorenzo où elles ont été amenées) ont exigé une main-d'œuvre nombreuse et docile.

se développe une civilisation originale où, à partir de 800, les premières statues géantes sont façonnées et dressées en des lieux où se déroulent des cérémonies religieuses. Les rites, dont on ignore tout, visent à obtenir la bienveillance des ancêtres devenus des dieux et qui veillent en permanence sur les habitants.

Pourquoi, à partir de 1500, la civilisation dite « pascuane » s'effondre-t-elle assez brutalement ? On pense que de violentes luttes éclatent entre les tribus menacées de famine. C'est de cette époque que datent les 200 statues retrouvées dans leur carrière, à jamais inachevées. Jusqu'au XIXe siècle, la population de l'île décline au point de disparaître complètement, décimée par les maladies transmises par les Européens et leurs mauvais traitements. ●

L'île de Pâques en chiffres

- SITUATION de l'île : à **3 780 km** de la côte ouest de l'AMÉRIQUE DU SUD. L'île la plus proche, Pitcairn, est à **2 000 km**.
- SUPERFICIE de l'île : **163 km²**.
- **4 000** habitants en **1722**.
- Elle appartient au CHILI sous le nom de RAPA NUI. **2 000** habitants aujourd'hui.
- Près de **1 000** de statues dont **600** dressées et **200** inachevées.
  - Les plus petites ont **1 m** de haut et pèsent **2 tonnes**.
  - Les plus grandes ont **12 m** de haut et pèsent **80 tonnes**. La plus grande, inachevée, est haute de **22 m** et pèse **160 tonnes** !
- **1995** : inscription au Patrimoine mondial de l'UNESCO.

ÉTONNANT !

Encore plus mystérieux !

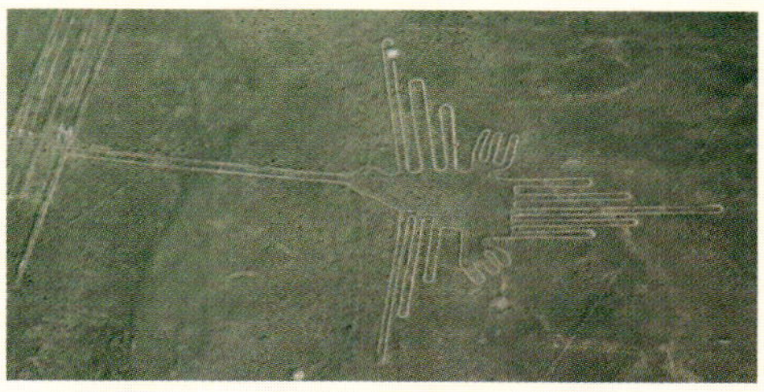

Une figure d'oiseau de Nazca au Pérou. ▶

Identifiables seulement d'avion, les figures géantes de Nazca, au Pérou, n'en finissent pas de susciter les interrogations. Des lignes tracées entre 500 av. J.-C. et 500 apr. J.-C. étonnent par leur quantité, leur taille et ce qu'elles représentent : animaux, végétaux, figures géométriques sur plusieurs kilomètres de long. On pense qu'elles sont l'expression d'un rite en rapport avec l'astronomie. Elles n'en demeurent pas moins l'une des plus grandes énigmes archéologiques actuelles.

1- Poisson
2- Oiseau et poussin
3- Condor
4- Plante
5- Fleur
6- Lézard
7- Oiseau
8- Plante
9- Oiseau
10- Orque
11- Figure géométrique
12- Animal
13- Oiseau huppé
14- Oiseau
15- Oiseau
16- Baleine
17- Grande fleur
18- Oiseau
19- Mains
20- Animal
21- Oiseau

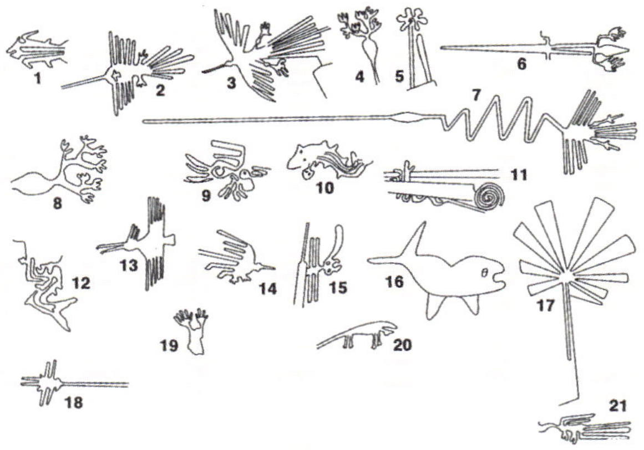

D'Amérique ou d'Asie ?

Pour démontrer que le peuplement des îles du Pacifique résulte, en partie, de migrations effectuées depuis l'Amérique du Sud, le navigateur norvégien Thor Heyerdhal entreprend un curieux voyage. En 1947, il tente de rallier la Polynésie en partant des côtes du Pérou à bord du *Kon-Tiki*, un radeau de balsa construit sur le modèle des bateaux des anciens Péruviens. À la suite de son succès, il entreprend d'autres expéditions, notamment à l'île de Pâques en 1955-1956. Aujourd'hui, les études archéologiques montrent que l'origine des Polynésiens serait bien asiatique.

Cook et La Pérouse

Les grands explorateurs du XVIIIe siècle, à la recherche d'une terre australe inconnue, lancent des expéditions dans l'océan Pacifique. James Cook fait relâche trois jours à l'île de Pâques en mars 1774. Même s'il ne la trouve pas très hospitalière (l'eau potable et les provisions sont en maigres quantités), il autorise les scientifiques qui font partie du voyage à dessiner les statues. Publiées sous forme de gravures, elles intriguent le Français La Pérouse qui y fait escale en 1786, lors de son expédition qui va bientôt se perdre aux abords des îles Salomon. Son dessinateur Duché de Vency représente les statues ainsi qu'une carte détaillée de l'île : des documents que le navigateur a eu le soin d'expédier avant le naufrage fatal.

Bâties pour la gloire de Dieu : Les CATHÉDRALES

Saisie par la « fièvre bâtisseuse », l'Europe chrétienne élève des chapelles, des églises et des cathédrales toujours plus grandes et magnifiques, dominant le fouillis des toits et des ruelles des villes. « On eût dit que le monde secouait ses haillons pour se parer çà et là d'un blanc manteau d'églises », constate le moine Raoul Glaber en 1050.

▲ *Merveille de l'art gothique, la cathédrale de Reims a été consacrée en 1210. À quelques exceptions près, elle a accueilli, depuis Philippe Auguste, le sacre de tous les rois de France.*

À PARTIR DU XIe SIÈCLE, L'OCCIDENT AU MOYEN ÂGE entre dans une ère de paix et de prospérité relative. De nouveaux villages sont fondés et partout sortent de terre des églises en pierre, à l'allure massive, qui s'inspirent de l'architecture romaine, modèle de noble grandeur.

Partout en Europe

Ces sanctuaires sont l'expression d'un art nouveau, l'**ART « ROMAN »**, à la fois sobre et foisonnant. Celui-ci s'épanouit dans toute l'Europe mais se soumet, dans chaque région, aux traditions et aux matériaux locaux. Les églises sont construites selon le même plan, en forme de croix latine : une nef, lieu de rassemblement des fidèles, barrée par un transept surmonté d'un clocher ou d'une tour. À l'arrière, là où sont aménagées de petites chapelles, se trouve le chevet, espace entourant le chœur où sont célébrés les offices. La voûte en pierre rappelant les arches rondes des Romains est préférée aux charpentes apparentes en bois. Elle est moins vulnérable au feu, donne au lieu une grande majesté, mais elle est lourde… Pour éviter qu'elle ne s'écroule, les piliers sont massifs, les murs renforcés par des contreforts et les fenêtres rares et étroites.

Les fastes du gothique

Cette façon de construire est concurrencée, à partir du XIIe siècle, par une autre, expérimentée en Italie du Nord et en Angleterre à Durham. Elle permet de bâtir plus grand et plus haut. C'est l'**ART « GOTHIQUE »**, l'art des cathédrales, fierté des grandes cités où elles sont élevées dans un immense élan de ferveur. Le **GOTHIQUE** repose sur deux innovations : la voûte en croisée d'ogives, qui oriente en les répartissant les poussées vers les quatre piliers, et l'arc-boutant offrant à l'extérieur de l'édifice une armature solide et légère venant renforcer l'ensemble. Il rend possible des progrès dans l'élévation et l'agrandissement des ouvertures en larges et hautes baies où la lumière pénètre à flots. Ainsi, les voûtes de la cathédrale gothique semblent partir à l'assaut du ciel en un élan puissant et vertical que rien n'arrête.

Comme dans l'art roman, la décoration abondante glorifie Dieu et constitue un magnifique livre d'images. Les sculptures des façades, des portails ou des chapiteaux surmontant les colonnes, les peintures et les vitraux ont un double but : ils sont destinés autant à impressionner les fidèles qu'à leur enseigner les grandes vérités de la foi chrétienne. Si l'**ART ROMAN** se plaît à représenter les feux de l'enfer, des animaux grouillants et monstrueux vaincus par un Dieu en majesté et triomphant, l'**ART GOTHIQUE** figure un monde divin, plus serein, peuplé de saints entourant le Christ et sa mère Marie, aux attitudes gracieuses et humaines. L'architecture religieuse du Moyen Âge est au midi de sa splendeur, portée par une formidable ferveur créatrice. ●

En route vers Saint-Jacques

L'admirable église romane de Vézelay est le point de départ de la via Lemovicensis, une des routes qui conduisent les pèlerins vers Saint-Jacques-de-Compostelle en Espagne. Elle est jalonnée de sanctuaires romans où les jacquets font étape, comme Saint-Léonard, Périgueux en France, Puente-la-Reina, León en Espagne.
Dans la cathédrale qui abrite le tombeau de saint Jacques, la foule dense des fidèles, qui ont parcouru 1600 km, se recueille et circule dans le déambulatoire qui entoure le chœur.

Une gargouille de Notre-Dame de Paris

Les cathédrales du Moyen Âge en chiffres

- HAUTEUR des principales cathédrales (flèches comprises) :
  - REIMS : **82 m**
  - CHARTRES : **123 m**
  - STRASBOURG : **142 m**
  - COLOGNE : **157 m**
  - ULM (Allemagne) **160 m**
- LONGUEUR des principales cathédrales :
  - AMIENS : **145 m**, c'est l'église gothique la plus grande. **10 000** fidèles peuvent y prendre place.
  - REIMS : **138 m**
- **157 ans** : c'est la durée du chantier de la cathédrale NOTRE-DAME DE PARIS. Commencée en **1163**, elle est achevée en **1310**.
- **2 300** statues décorent la cathédrale de Reims.
- **31 m** : hauteur de la nef de l'abbaye de WESTMINSTER, à Londres, la plus haute de Grande-Bretagne.

À LIRE !

Notre-Dame de Paris, Victor Hugo (1831).

« Dans ces jours de clarté de chaleur et de sérénité, il y a une certaine heure surtout où il faut admirer le portail de Notre-Dame. C'est le moment où le soleil, déjà incliné vers le couchant, regarde presque en face la cathédrale. Ses rayons, de plus en plus horizontaux, se retirent lentement du pavé de la place et remontent le long de la façade à pic dont ils font saillir les mille rondes-bosses sur leur ombre, tandis que la grande rose flamboie comme un œil de cyclope enflammé des réverbérations de la forge. »

L'art du vitrail

Les vitraux, qui filtrent la lumière en la magnifiant, sont des assemblages de morceaux de verre coloré maintenus par des baguettes de plomb. Les maîtres verriers gardent jalousement le secret de fabrication de leurs couleurs, tel le bleu des vitraux de la cathédrale de Chartres, particulièrement profond et vibrant. Les peintres verriers esquissent les contours des scènes qui figurent dans les rosaces ou les immenses verrières.

▲ *Notre-Dame de Paris*

À RETENIR !

De chantier en chantier

Les équipes d'artisans vont de ville en ville, au gré des contrats. Ce sont les tailleurs de pierre, les maçons, les charpentiers, les forgerons ou les verriers. Sur les chantiers, ils travaillent sous les ordres du contremaître et du maître d'œuvre, l'architecte. Celui-ci se déplace aussi selon les commandes et, s'il est renommé, il va à l'étranger où il exporte ses modèles en s'adaptant aux traditions locales. Quant aux manœuvres, aux porteurs d'eau ou aux gâcheurs qui n'ont pas de savoir-faire spécialisé, ils sont recrutés sur place et sont payés à la tâche ou à la journée.

Visibles de loin, ils sont fiers :

Les CHÂTEAUX FORTS

BODIAM CASTLE, ROYAUME-UNI

Aux quatre coins de l'Europe, leurs ruines inspirent encore puissance et respect. Les châteaux forts bardés de défenses impressionnantes ont monté la garde sur l'Occident pendant près de cinq siècles.

C'EST DANS UN CONTEXTE DE FORTE INSÉCURITÉ que ces forteresses se multiplient au Xe siècle. L'autorité royale peine à s'affirmer et les comtés sont secoués par des conflits incessants. À qui donc appartient le pouvoir ? Au mieux armé, à celui qui peut imposer sa force et sa protection. Ainsi se met en place la féodalité, une organisation sociale nouvelle basée sur des liens d'homme à homme unissant le **SEIGNEUR** et son protégé, le **VASSAL**. En échange de la protection accordée et de la terre reçue (le **FIEF**), le vassal jure fidélité à son seigneur et s'engage à le servir en l'aidant, notamment, à faire la guerre.

Premiers bastions

Chaque **SEIGNEUR** prend en charge la défense de tous les hommes qui dépendent de lui et l'organise à partir de petits bastions. Ce sont les premiers châteaux forts, faits de terre et de bois, qui surgissent vers 950 sur des collines ou des mottes artificielles. Par manque d'outils en fer appropriés au travail de la pierre, les bâtisseurs utilisent le bois pour élever la tour protégée par une enceinte et entourée d'un fossé sec ou rempli d'eau.

Des ruines… relevées !

MANZANARES, ESPAGNE

Parce qu'ils représentent le symbole orgueilleux de la puissance des seigneurs, les châteaux forts ont été détruits en grand nombre, laissés à l'abandon et réduits à l'état de tristes ruines. Aujourd'hui, beaucoup font l'objet d'une restauration soignée, comme le château de Vianden au Luxembourg, ceux de Neuburg en Suisse, Doorwerth aux Pays-Bas, ou Manzanares en Espagne. La base du donjon du Louvre à Paris a été exhumée à l'occasion de travaux dans les années 1980.

Géants de pierre

Au XIe siècle, l'emploi de la pierre permet de limiter les incendies qui réduisaient souvent les fragiles forteresses à un tas de cendres fumantes. S'élèvent alors des tours, des **DONJONS** – de forme carrée ou rectangulaire – enserrés dans des enceintes étroites, des chemises, qui remplacent peu à peu les palissades en bois. Dès lors, les assaillants doivent trouver de nouveaux moyens pour percer les murs épais. Tour à tour, ils expérimentent la **SAPE**, s'attaquant aux fondations des murailles, la **MINE**, dont le but est de creuser des galeries souterraines, et la **BRÈCHE**, créée à l'aide de projectiles lancés par des engins de siège. Ainsi les donjons circulaires, mis au point à la fin du XIIe siècle par les architectes du roi de France Philippe Auguste, offrent-ils une meilleure résistance tout en économisant les matériaux. Un siècle plus tard, les châteaux forts sont devenus des citadelles redoutables savamment protégées contre toute attaque :

deux ou trois **ENCEINTES** successives, des murs massifs renforcés de tours reliées par des **COURTINES** hérissées de **CRÉNEAUX**, un fossé isolant l'entrée défendue par un **PONT-LEVIS** et une **HERSE**. À l'abri des murailles, le **DONJON** qui constitue l'ultime refuge en cas d'attaque abrite le seigneur et sa famille protégés par la garnison. Il gagne en confort : des escaliers sont construits dans l'épaisseur des murs et de vastes salles chauffées par des cheminées aménagées. Au XIVe siècle, des dépendances se multiplient dans la haute cour : la grande salle de réception et le logis seigneurial forment des bâtiments indépendants comme la chapelle. De longues galeries et des **TOURELLES D'ESCALIER** desservent les pièces désormais en grand nombre. Le château fort est à présent un géant de pierre que l'on aperçoit de loin, taillé pour la guerre et le pouvoir. Il abrite aussi une vaste communauté qui vit à l'intérieur de ses enceintes. ●

Les châteaux forts en chiffres

- **8 000** chênes : c'est le nombre d'arbres nécessaires à la construction d'un château de petite taille.
- **30 m** sur **20 m** et **20 m** de hauteur : ce sont les dimensions de donjons rectangulaires comme à DOUVRES en Grande-Bretagne, LOCHES ou FALAISE, en France.
- **60 m** : c'est la hauteur du donjon circulaire du château de COUCY, l'un des plus hauts d'Europe.
- **952 m** : c'est la longueur de l'enceinte du château de GISORS.
- **12** à **20 m** de large : c'est la taille des fossés rarement remplis d'eau.
- **400** maçons et **1 000** manœuvres : c'est le nombre estimé d'ouvriers travaillant sur le chantier d'un grand château fort.
- **3 m** : c'est l'épaisseur moyenne des murs. À leur base, ils sont encore plus épais.
- **5** mois : c'est la durée du siège de CHÂTEAU-GAILLARD construit par Richard Cœur de Lion, roi d'Angleterre. Celui-ci est vaincu par Philippe Auguste.

D'autres châteaux forts ailleurs

Le krak des Chevaliers, en Syrie, présente une architecture assez proche de celle des forteresses européennes, car il est édifié par les croisés dans un endroit stratégique pour assurer la défense des États latins d'Orient aux XIIe et XIIIe siècles. Quant au château de Himeji au Japon, il est construit au XVIIe siècle, au moment où l'architecture militaire japonaise est à son apogée. Il comprend cette tour élégante à trois étages. Il est en bois et ses murs en terre sont peints en blanc.

Château de Himeji, Japon

Krak des Chevaliers, Syrie

À LIRE !

Mémoires d'outre-tombe de Chateaubriand (1768-1848)

« Au fond de la cour, dont le terrain s'élevait insensiblement, le château se montrait entre deux groupes d'arbres. Sa triste et sévère façade présentait une courtine portant une galerie à mâchicoulis, denticulée et couverte. Cette courtine liait ensemble deux tours inégales en âge, en matériaux, en hauteur et en grosseur, lesquelles tours se terminaient par des créneaux surmontés d'un toit pointu, comme un bonnet posé sur une couronne gothique... Partout silence, obscurité et visage de pierre : voilà le château de Combourg. »

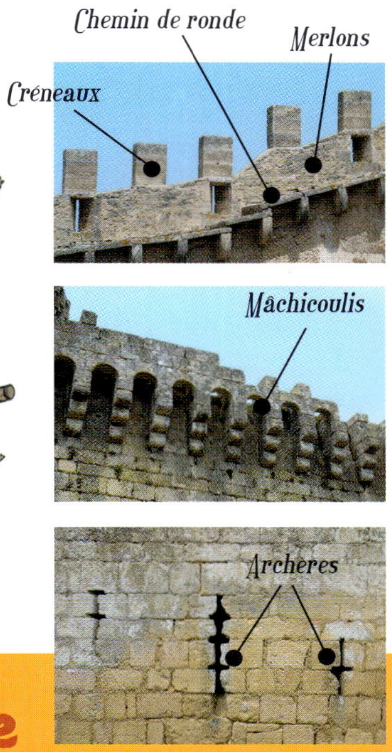

À RETENIR !

Une défense perfectionnée

L'architecture militaire en constante évolution rend au fil des siècles les forteresses imprenables. Sur le parapet bordant le chemin de ronde, les archers tirent à travers les créneaux et s'abritent derrière les parties pleines du mur, appelées merlons. Ils peuvent aussi viser grâce aux archères, de longues fentes percées dans la pierre. Les hourds – galeries de bois en surplomb garnissant le sommet des tours – ont été remplacés par des mâchicoulis en pierre. Ils permettent les tirs verticaux. Quant à l'entrée renforcée par un châtelet, elle est une place forte à elle toute seule. N'entre pas qui veut !

Les MONASTÈRES

LE MONT SAINT-MICHEL

DANS L'OCCIDENT CHRÉTIEN, après les longues périodes troublées des invasions, cette nouvelle forme de vie religieuse se répand comme une traînée de poudre. Par centaines, à partir du IXe siècle, surgissent dans les campagnes des édifices massifs et puissants : des monastères ou des abbayes placés sous la direction d'abbés.

Une vie bien réglée

Les monastères et les abbayes rassemblent des communautés de moines qui organisent leurs journées entre prières à l'église, lecture de livres religieux et travail manuel, conformément à la règle de vie équilibrée prônée par saint Benoît. C'est la raison pour laquelle les édifices, souvent vastes, sont composés d'espaces bien distincts, suivant le plan type établi par l'abbaye de Saint-Gall en 820. Au centre du monastère se trouve l'**ÉGLISE** : les moines s'y rendent neuf fois par jour pour assister à la messe et aux offices. À côté, le **CLOÎTRE** orné d'un jardin carré est aussi un lieu propice à la prière et à la méditation. Il permet d'accéder à la **SALLE CAPITULAIRE** où se réunit régulièrement toute la communauté sous la direction de son abbé. Non loin de là, le **SCRIPTORIUM** est la pièce réservée à la lecture et aux travaux intellectuels. On y recopie à la main des manuscrits : écrits saints et œuvres des grands penseurs de l'Antiquité. Centre culturel, le monastère est aussi un pôle économique de premier plan. Il produit tout ce qui lui est nécessaire avec un rendement bien supérieur à la moyenne grâce au partage rationnel des tâches et à l'expérimentation incessante de nouvelles méthodes. Ainsi, pour assurer la nourriture quotidienne, il possède ses **CHAMPS**, son **VERGER**, son **POTAGER**, son **RUCHER**, ses **VIGNES** si le climat le permet, son **ÉTABLE**, sa **LAITERIE** et son **VIVIER**, une réserve de poissons pour les jours maigres... À proximité, des **ATELIERS** sont consacrés au filage, au tissage et à la poterie. Le monastère vit en circuit fermé mais il n'est pas un monde clos. En vertu de son devoir de charité, la communauté soigne les malades et recueille les pauvres, les invalides et les orphelins. Les fils de seigneurs et, plus rarement, les autres enfants viennent s'instruire dans l'école dirigée par un clerc. Enfin, les voyageurs, marchands ou pèlerins, à la recherche de lieux sûrs pour passer la nuit, font halte au monastère.

Abbaye de Senanque, France.

Au Mont Saint-Michel

Sur un îlot rocheux au large de la côte normande en France, battu par les marées les plus fortes d'Europe, le mont Saint-Michel a vu se construire en son sommet, entre le XIe et le XVIe siècle, la « Merveille » de l'Occident, une abbaye bénédictine dédiée à l'archange saint Michel. Au Moyen Âge, des foules de pèlerins convergent vers ce sanctuaire célèbre.

Comme tous les autres hôtes, ils disposent de bâtiments qui leur sont réservés.

De nouveaux ordres

Tout au long du Moyen Âge, les monastères prospèrent grâce aux dons des fidèles et aux richesses des seigneurs. Des réformes sont entreprises pour leur rendre leur austérité primitive. C'est le but de saint Bernard qui, à travers l'ordre cistercien fondé en 1098, privilégie la pauvreté et choisit d'édifier des abbayes épurées dans la solitude des champs et des forêts. Au XIIIe siècle, saint François d'Assise ou saint Dominique renoncent à la solitude et à la retraite en choisissant de s'établir avec leurs frères dans les villes. ●

▲ *Un cloître.*

▲ *Un scriptorium.*

Miniature

Les moines copient les manuscrits et se préoccupent de leur ornementation en utilisant des encres d'or et de couleurs. Le rouge minium qui est employé donne le mot «miniature», désignant la lettre ornée et, par la suite, l'image peinte.

À LIRE !

Extrait de la règle de saint Benoît (VIe siècle).

« À partir du 1er octobre, jusqu'au commencement du carême, les frères vaqueront à la lecture depuis le matin jusqu'à la fin de la deuxième heure; puis on dira Tierce. Enfin, ils travailleront jusqu'à la neuvième heure à l'ouvrage qui leur a été enjoint. Au premier coup de None, ils quitteront tous leur travail, de façon à être prêts quand le second coup sonnera. Après le repas, ils s'appliqueront à leurs études ou à l'étude des psaumes. »

Monastère des Météores, Grèce

Monastère de Montserrat, Espagne

◀ *Le mont Athos (Sainte Montagne) abrite vingt grands monastères fondés depuis le Xe siècle. Ce centre religieux est le plus grand de l'Église orthodoxe.*

Les monastères en chiffres

- **694** : c'est le nombre d'ABBAYES CISTERCIENNES recensées en 1300 dans toute l'Europe.
- **1000** manuscrits : c'est ce que peuvent compter les plus riches abbayes.
- **76** moines : c'est l'effectif de l'ABBAYE DE CLUNY en France au XIIe siècle qui a essaimé **1200** monastères dans toute l'Europe.
- **187 m** : longueur de l'église de l'ABBAYE DE CLUNY, la plus grande jusqu'à la construction de SAINT-PIERRE DE ROME au XVIe siècle.
- **5** feuilles : c'est le nombre de pages transcrites par jour par les moines copistes. À ce rythme-là, ils mettent **1 an** pour copier une Bible.
- **20** monastères : c'est le nombre actuel de monastères au MONT ATHOS, en Grèce. Ils abritent **1500** moines.

Dans la solitude du désert

Saint Antoine (251-356) est le premier chrétien à se consacrer entièrement à la prière en vivant seul, retiré dans le désert égyptien, après avoir abandonné tous ses biens. Non loin de son lieu de retraite se dresse l'un des plus anciens monastères de la chrétienté: Sainte-Catherine, au pied du mont Sinaï où, selon la Bible, Moïse reçut les Tables de la Loi. Aujourd'hui, il abrite des moines qui suivent la règle de vie de saint Basile comme la plupart des religieux du monde chrétien orthodoxe.

MONASTÈRE SAINTE-CATHERINE

Blottie derrière ses remparts :

La cité médiévale

Carcassonne, France

Il faut faire un effort pour imaginer aujourd'hui une ville du Moyen Âge, blottie derrière sa muraille de pierre hérissée de tours et percée de portes monumentales que l'on ferme chaque soir. Elle s'isole du monde rural alentour, peu sûr, et abrite des « bourgeois » qui y travaillent en « hommes libres ».

« L'**AIR DE LA VILLE REND LIBRE** », a-t-on l'habitude de dire à l'époque. Voilà l'une des caractéristiques de la cité médiévale qui a obtenu des rois ou des seigneurs des libertés ou franchises.

Un monde en ébullition

Ainsi attire-t-elle sans cesse de nouveaux venus qui doivent jouer des coudes dans la cohue des passants pour apercevoir l'**ÉGLISE**, le **BEFFROI** ou la **HALLE** : des points de repère commodes pour se guider. Un dédale inextricable de ruelles boueuses suit le tracé du relief. Étroites et rarement pavées, elles sont réservées aux piétons. Une foule grouillante de porteurs, de marchands ambulants, d'artisans, d'ouvriers et de petits boutiquiers y côtoie mendiants, estropiés et animaux en liberté. Difficile de se frayer un chemin parmi les chèvres, les volailles ou les porcs occupés à fouiller les immondices charriées par le ruisseau au centre de la chaussée ! Point d'égout : on jette les ordures par les fenêtres. Pas d'éclairage non plus la nuit, où la ville se transforme en coupe-gorge ou en vide-gousset en dépit de la surveillance.

Dans un grand désordre s'élèvent, le long des rues, de hautes maisons en bois et en torchis sur trois ou quatre niveaux. Elles abritent pauvres sous les combles, riches négociants dans les étages et artisans ou marchands au rez-de-chaussée. Reconnaissables aux enseignes, leurs atliers ou boutiques donnent directement sur la rue. Selon les activités, les marchands sont regroupés par quartiers. Derrière les constructions s'étendent parfois des potagers et des vergers. Bien souvent se trouvent des cours où picorent quelques poules. Le citadin n'est jamais coupé de la campagne. C'est elle qui le nourrit grâce aux marchés où les paysans viennent des villages alentour pour vendre leurs produits frais. Des belles halles en bois aux toits pentus les abritent et se spécialisent. Là est le marché aux grains, ailleurs est celui du poisson, encore un peu plus loin se dresse la halle aux herbes.

La BANLIEUE date du Moyen Âge

Au-delà des murs s'étendent des villages sur lesquels la ville exerce son « droit de ban » en soumettant les habitants à sa justice, ses taxes, ses impôts... Cet espace prend le nom de banlieue.

Le Beffroi

Troisième tour du paysage urbain, après le donjon du seigneur et le clocher de l'église, le beffroi est le signe de l'autonomie récemment acquise et représente le pouvoir des échevins. Le beffroi possède aussi une utilité pratique : tour de guet, salle des cloches sonnant le début du travail et le couvre-feu, arsenal, prison, tribunal, entrepôt des archives... 56 beffrois de Belgique et du nord de la France sont inscrits au Patrimoine de l'Unesco.

Puissance bourgeoise

La richesse des seigneurs et des grands bourgeois est visible à travers les édifices en pierre qu'ils font construire : hôtels, palais, belles demeures dotées de cheminées et de vitres, de puits filtrants et de latrines. Pour assurer son salut, cette catégorie de population finance les chantiers de construction des églises et des cathédrales, les monuments les plus vastes de la cité. Leurs clochers s'élèvent au-dessus des toits, tel le beffroi qui surmonte l'hôtel de ville. Là se réunissent échevins ou consuls élus pour diriger la ville. Issus en général de grandes familles marchandes, ils constituent une élite. Comme tous les autres habitants, ils vivent dans la crainte des révoltes, de la guerre, de la famine et aussi des épidémies et des incendies : les fléaux de la cité médiévale. ●

Carcassonne

Les enceintes bâties sur des terrains accidentés sont consolidées par des tours de flanquement, comme celle de Carcassonne. La muraille extérieure construite au XIIIe siècle a une longueur de 1600 m, rythmée par 14 tours circulaires. Les portes monumentales jouent un rôle d'accueil et de protection. Elles doivent impressionner.

Remparts d'Avila, Espagne

Tours de San Giminiano, Italie

Gand, Belgique

Bruges, Belgique

Sienne

À Sienne, en Italie, la place en forme de coquille inclinée vers le palais public est le cœur de la cité médiévale. Neuf bandes de pavages différents symbolisent les neuf quartiers de la ville. C'est là que se tient la course annuelle de chevaux, le *palio*, qui déchaîne les passions.

La cité médiévale en chiffres

- **100 000** : c'est le nombre d'habitants à FLORENCE et à Gênes en Italie vers 1200.
- BRUGES et GAND, en Belgique, ont **50 000** habitants.
- PARIS, l'une des villes européennes les plus peuplées, compte **200 000** habitants en 1297.
- **73** : c'est le nombre de tours que compte SAN GIMINIANO en Italie.
- **2,5 km** : c'est la longueur des remparts d'AVILA en Espagne, construits au XIIe siècle. Ils font **12 m** de haut, **3 m** d'épaisseur et sont jalonnés de **82** tours et percés de **9** portes.
- **2** ponts à PARIS jusqu'en 1499. Ils sont en bois et encombrés d'habitations.
- **6** incendies ravagent ROUEN entre 1200 et 1225.
- **83 m** : hauteur du beffroi de BRUGES en Belgique.
- Dans quatre cités se tiennent à tour de rôle les célèbres foires de Champagne : LAGNY, TROYES, PROVINS et BAR-SUR-AUBE.
- **516 m** : longueur du pont Charles à PRAGUE (République tchèque), le pont le plus long du Moyen Âge.

À LIRE !

Les cris de la ville

« Je vous dirai comment font ceux qui ont des marchandises à vendre et qui courent Paris, en les criant, jusqu'à la nuit. Ils commencent dès le point du jour. "Seigneurs, dit le premier, allez aux bains, vite, vite : ils sont chauds !" Puis viennent ceux qui crient les poissons : harengs saurs et harengs blancs, harengs frais salés, vives de mer et aloses. Et encore : "Flans tout chauds !... Châtaignes de Lombardie ! Figues de Malte ! Figues ! Raisin de Damas ! raisin !..." Et voici le sonneur qui court les rues en criant : "Priez pour l'âme du trépassé !" Il y a tant à vendre que je ne puis m'empêcher d'acheter. »

Des lieux où l'on se prosterne : Les mosquées

UNE MOSQUÉE EN ARABIE SAOUDITE

▲ *Lieu de prière et de rencontre pour la communauté des fidèles, la mosquée est au cœur de la ville musulmane. De nombreux édifices sont bâtis sur le modèle des célèbres mosquées d'Istanbul.*

SELON LA TRADITION, c'est ainsi que fut choisi l'emplacement du premier sanctuaire musulman. On lui donne le nom de *masjid* (d'où mosquée) signifiant « le lieu où l'on pose le front au sol ». Deux mois plus tard, un édifice en pierres et en briques crues, érigé par les compagnons du Prophète, apparut. Il était fort rudimentaire et, pourtant, il inspirera le plan de toutes les mosquées, du plus petit sanctuaire de village jusqu'au cœur des capitales, où on les appelle *djami*, grandes mosquées.

Les piliers de l'islam

Un mur d'enceinte délimite l'espace du sanctuaire. Il est surmonté d'une tour élancée, en haut de laquelle le **MUEZZIN** appelle à la prière pour honorer Dieu ou Allah. Ce rite effectué cinq fois par jour est l'un des **CINQ PILIERS** ou règles de l'islam que tout musulman est tenu de respecter. Il justifie l'édification du monument réservé à cet effet. Le vendredi au milieu du jour, la communauté de fidèles s'y rassemble pour accomplir la prière commune avec un caractère particulièrement solennel durant laquelle toute activité cesse.
La salle de prière est précédée par une cour à ciel ouvert, bordée souvent de préaux et de galeries. Au centre se trouvent bassins et fontaines qui servent aux **ABLUTIONS**, car le fidèle doit prier dans un état de pureté corporelle et spirituelle. Dans la vaste pièce couverte de tapis, les fidèles déchaussés se tiennent prosternés en rang les uns derrière les autres face au **MIHRAB** : une petite niche creusée dans le mur du fond qui indique la direction de **LA MECQUE,** la première ville sainte de l'islam.

▲ *La Grande Mosquée de La Mecque avec la Ka'ba (au centre), construite, selon la tradition, sur l'emplacement de la maison de Dieu.*

À sa droite, le **MINBAR**, la chaire d'où l'imam conduit la prière, notamment le vendredi à midi, et prêche. Sur les murs, aucune représentation figurative divine, mais une décoration souvent foisonnante composée de sculptures, de peintures ou de carreaux de faïence. Y figurent les versets du livre saint, le **CORAN**, calligraphiés avec d'élégantes arabesques, puisque seule la parole de Dieu peut être représentée dans l'islam.

Un modèle qui s'exporte

Lorsque l'islam s'est propagé à une vitesse fulgurante à partir du VIIe siècle pour s'implanter de l'Espagne aux portes de la Chine, le plan de la mosquée ainsi fixé s'impose. L'architecture, néanmoins, doit composer avec les matériaux, les traditions de construction et les styles propres à chaque pays ou région. Ainsi, les bâtisseurs de la mosquée de **CORDOUE**, en Espagne, réutilisent à la fin du VIIIe siècle les colonnes et les chapiteaux en granit ou en marbres

Les mosquées en chiffres

- **3** nefs composent la mosquée des OMEYYADES à DAMAS (Syrie).
- **3** tours de section décroissante constituent le minaret de la mosquée de KAIROUAN (Tunisie) construit vers 836. Il sert de modèle à tous les minarets d'Afrique du Nord et d'Espagne.
- **54 m** : c'est la hauteur de la coupole principale de la mosquée royale d'ISPAHAN (Iran). Elle est couverte de céramiques turquoise.
- **150 m** : c'est la longueur de la mosquée de DJENNÉ (Mali) construite en terre.
- **200 m** : c'est la hauteur du minaret le plus haut du monde de la mosquée HASSAN II à CASABLANCA (Maroc) construite en 1993.
- **300** mosquées auraient été construites par le seul architecte Sinan, au XVIe siècle en TURQUIE.
- **856** colonnes ornent l'intérieur de la mosquée de CORDOUE (Espagne).
- **7** visites à la mosquée de KAIROUAN (Tunisie) peuvent égaler un pèlerinage à LA MECQUE, c'est ce que prétendent certains musulmans.

Dôme du Rocher, Jérusalem

Cordoue, Espagne

Kairouan, Tunisie

Mosquée du sultan Hassan, Le Caire

Djenné, Mali

colorés de l'église construite par les Wisigoths quelques siècles plutôt. Les **PERSES** du monde iranien encadrent leurs mosquées de grands portails monumentaux qu'ils tapissent, tout comme les coupoles, d'admirables carreaux de céramique colorés. En Afrique, au sud-ouest du Sahara, les sanctuaires tel celui de **DJENNÉ** élèvent leurs hauts murs de terre crue hérissés de piquets en bois. ●

À RETENIR !

Minarets

Les minarets qui surplombent une mosquée ne doivent jamais être plus de six, pour ne pas égaler ou surpasser les sept encadrant la mosquée sacrée de La Mecque, le lieu musulman le plus saint. Chaque année, un million de pèlerins s'y rendent, particulièrement durant le dernier mois de l'année qui doit être, selon le Coran, consacré au pèlerinage dans la première ville sainte de l'islam.

▲ *260 fenêtres à vitres colorées éclairent la mosquée Bleue d'Istanbul (Turquie).*

À LIRE !

Extrait du Coran. Sunna 10-1.

Ibn Omar disait :
« Au début de leur arrivée à Médine, les musulmans se réunissaient entre eux au moment de la prière sans qu'on les y appelât. Un jour, comme on s'entretenait de ce sujet, un des hommes dit :
- Servez-vous d'une crécelle pareille à la crécelle des chrétiens.
- Non, dit un autre, employez une trompette pareille à la corne dont les juifs font usage.
- Pourquoi, demanda Omar, ne chargeriez-vous pas un homme d'entre vous de faire appel à la prière ? Là-dessus, l'Envoyé de Dieu dit à Bilal :
- Ô Bilal, lève-toi et appelle à la prière. »

Citadelle perdue des Andes : Le MACHU PICCHU

▲ *Les ruines de Machu Picchu comprennent trois cents édifices de pierre, disposés de part et d'autre d'une place rectangulaire. On ne peut voir la cité que d'un côté, depuis une route de montagne.*

IL FAUT L'ÉNERGIE ET LA TÉNACITÉ de Hiram Bingham, jeune professeur américain, pour venir à bout d'un périple en plein cœur des Andes et se voir récompensé par la découverte du site, le 24 juillet 1911. Au détour d'un méandre du rio Urubamba, sur un plateau surmonté d'un splendide cône rocheux invisible depuis la vallée, gît ce que l'Américain baptise, dans la langue quechua des Indiens de la région, **MACHU PICCHU** ou « vieille montagne ».

Un refuge inaccessible

Les recherches archéologiques ultérieures permettent d'établir que le site est construit par les **INCAS** à la fin du XVᵉ siècle. Ce peuple domine pendant près de quatre cents ans le plus vaste empire d'Amérique du Sud, jusqu'à l'arrivée des conquérants espagnols en 1532. De **CUZCO**, la capitale, l'empereur, qui se dit être le fils du Soleil, contrôle un gigantesque territoire quadrillé par un réseau de routes et ponctué de cités et de villages perchés, grossis par une population saisonnière d'agriculteurs comme à **MACHU PICCHU**. Lors de la conquête espagnole, il semble que de tels sites, presque inaccessibles, aient servi de refuge aux résistants incas.

Remarquablement intégrée à la nature grandiose, invisible depuis la vallée, l'architecture en pierre de **MACHU PICCHU** répond à deux fonctions : l'une agricole et l'autre urbaine.

Des centaines de terrasses en gradins, aménagées sur les flancs abrupts du plateau, encadrent de petites parcelles enrichies de terre végétale provenant de la vallée. Elles servent à la culture du maïs, de la pomme de terre et du coca (dont les feuilles aux vertus stimulantes sont mastiquées), mais aussi à la retenue des eaux de pluie afin de limiter l'érosion. Cet ensemble est nettement séparé du secteur urbain, composé de quartiers d'habitation reliés par des escaliers, de greniers et de vestiges de temples et d'autels. La construction la plus étonnante est l'**INTIHUATANA**, un éperon taillé dans le granit utilisé probablement comme observatoire astronomique pour scruter la course du Soleil, l'astre au centre des croyances incas.

Ce rocher sculpté est connu sous le nom d'Intihuatana, terme quechua qui signifie « la pierre où s'amarre le soleil ». Probablement utilisé comme calendrier solaire, il a peut-être aussi servi d'autel pour les sacrifices.

Le secret des bâtisseurs incas

Tous les édifices construits ici démontrent avec force le génie bâtisseur des Incas. Avec des outils très rudimentaires en bronze ou en pierre, ils sont capables de tailler d'énormes blocs rocheux, de les ajuster avec une telle précision qu'ils s'emboîtent comme un gigantesque puzzle, sans mortier. Par ailleurs, les pierres présentent un renflement sur leur face extérieure afin qu'elles résistent aux tremblements de terre, fréquents dans la région. On retrouve cette même maîtrise technique dans les vestiges de **CUZCO** et ceux de la forteresse de **SACSAYHUAMAN**, où remparts et enceintes sont composés de blocs colossaux. Comment, sans roue ni poulie, les Incas ont-ils pu soulever et transporter de telles masses issues de lointaines carrières ? Cela reste une énigme. ●

Sur le chemin inca

En contrebas de Machu Picchu, dans la vallée de l'Urubamba, est encore aujourd'hui visible un tronçon du « chemin inca » tel qu'il existait au XVIe siècle. Particulièrement adapté au relief montagneux, il présente par endroits des chaussées en pierre, des escaliers et des tunnels taillés dans la roche, des ponts suspendus en corde au-dessus des ravins... Comme toutes les autres voies, il est parcouru par des soldats, des marchands et les *chasquis* : des messagers de l'État. Ils sont chargés de relayer les informations de façon à ce qu'elles arrivent en quelques jours à Cuzco.

À LIRE !

Pablo Neruda (1904-1973).
Extrait des *Hauteurs de Machu Picchu*.

« Alors j'ai grimpé à l'échelle de la terre
Parmi l'atroce enchevêtrement des forêts
perdues jusqu'à toi Machu Picchu...
Mère de pierre, écume des condors
Haut récif de l'aurore humaine... »

Détail d'un mur inca.

En danger !

Parce qu'il est construit dans une zone escarpée où les fortes pluies l'érodent en permanence, le site admirable de Machu Picchu présente une grande fragilité. Selon une étude récente, il serait menacé de glissement, à la vitesse d'un centimètre par mois ! Un travail de restauration des terrasses, qui sont encore enfouies pour la plupart sous la végétation, pourrait stabiliser les versants. Mais il semble que le danger le plus important soit aujourd'hui la pression du tourisme. 2000 visiteurs par jour déferlent sur le site le plus visité d'Amérique du Sud, alors que l'Unesco recommande un flux limité à 800 touristes par jour.

▲ *Les familles d'agriculteurs vivaient dans des maisons d'une pièce, groupées autour d'une cour centrale. Un aqueduc de pierre acheminait l'eau des torrents de montagne.*

Les cités incas en chiffres

- **25 000** km : c'est la longueur du réseau de routes de l'Empire inca. Les quatre grandes routes partent de CUZCO.
- **2 430 m** : altitude de MACHU PICCHU.
- **1000** à **2000** habitants à MACHU PICCHU.
- **3** remparts parallèles, longs de **600 m**, composent la forteresse de SACSAYHUAMAN. Le plus grand bloc de pierre mesure **9 m** de haut et pèse **350** tonnes. **30 000** hommes travaillent à sa construction pendant **60 ans**.
- **2 000** visiteurs par jour à MACHU PICCHU.
- **1983** : inscription au Patrimoine mondial de l'Unesco du site de MACHU PICCHU.

Une autre citadelle, au cœur de l'Afrique noire

Le même mystère plane sur les ruines du Grand Zimbabwe, une citadelle située à l'est de l'Afrique, entourée d'enceintes monumentales abritant des vestiges de construction datant du IXe siècle environ. Il semble qu'elle soit l'unique témoignage d'un peuple bâtisseur, les Shona, qui aurait fondé ici la capitale de son royaume, devenue un grand centre d'échanges basé sur le commerce de l'ivoire, du cuivre et surtout de l'or entre le XIe et le XVe siècle.

Rouge et magnifique : L'ALHAMBRA

L'ALHAMBRA DE GRENADE, ESPAGNE

LA CITÉ ROYALE DE L'ALHAMBRA, « la Rouge » en arabe, s'élève sur une colline dominant la ville de Grenade. Un petit royaume où, à la fin du XIIIe siècle, une population de 50 000 habitants, composée de musulmans, de chrétiens et de juifs, vit en paix et en harmonie.

Au plus près du paradis

Mohammed Ier al-Ahmar, son fondateur, commence la construction des premiers édifices à l'abri d'une puissante muraille crénelée flanquée de nombreuses tours. Mais c'est à Yousouf Ier et à son fils Mohammed V, souverains du XIVe siècle, que l'on doit l'essentiel des bâtiments. Dans le dédale des salles d'audience, des cours, des appartements privés, l'architecture joue avec la nature environnante. La lumière du jour pénètre à flots. Les ornements en profusion reproduisent la végétation extérieure et l'eau murmure en courant sur le marbre des fontaines ou dans les canaux.

Le palais se divise en trois groupes de bâtiments. Le **MÉCHOUAR**, la partie la plus ancienne, abrite l'administration et la justice du royaume. L'admirable **COUR DES MYRTES** mène à la partie la plus prestigieuse de la résidence royale. Un long bassin rectangulaire présente une surface d'eau lisse comme un miroir grâce à un système d'alimentation d'eau très étudié (1). Les bâtiments qui le bordent s'y reflètent ainsi que les plantes odorantes (jasmin, chèvrefeuille, rose et myrte) laissant échapper leur parfum. Une galerie d'arcades, où la lumière joue dans le creux des *mouqarnas*, des décorations en forme de nids-d'abeilles (2), permet d'accéder à la **SALLE DES AMBASSADEURS**, immense pièce cubique occupant presque tout le volume de la **TOUR DES COMARES**. Là, les dignitaires et émissaires étrangers se prosternent aux pieds du sultan siégeant sur son trône. La voûte est impressionnante. S'élevant à une hauteur de 18 m, elle est tapissée de bois de cèdre sculpté. La **COUR DES LIONS** (3) constitue le cœur des appartements privés de la famille royale. Elle doit son nom à la fontaine qui orne le centre d'un patio bordé d'une forêt de fines colonnes. Douze lions en marbre noir soutiennent le bassin où l'eau arrive en jet, avant d'être évacuée par des petits canaux orientés aux quatre points cardinaux. La même impression de raffinement et de fraîcheur émane du **JARDIN EL GENERALIFE** qui

1

2

3

s'étend à quelques mètres du palais. Dans deux petits patios se succédant, l'eau ruisselle dans le canal central ou s'élève dans les jets en arceaux parmi les parterres fleuris. Dans la langue arabe, le mot *djanna* signifie à la fois jardin et paradis. Celui de l'Alhambra devait évoquer particulièrement les doux plaisirs promis aux Bienheureux par le Coran. C'est dire sa beauté, sa luxuriance et ses senteurs enivrantes ! ●

▲ *Le jardin El Generalife.*

Partout dans l'Alhambra, des murs et des chapiteaux finement ciselés.

À LIRE !

Victor Hugo, *Grenade* (1828).

« L'Alhambra ! l'Alhambra ! Palais que les Génies
Ont doré comme un rêve et rempli d'harmonies.
Forteresse aux créneaux festonnés et croulants,
Où l'on entend la nuit de magiques syllabes,
Quand la lune, à travers les mille arceaux arabes,
Sème les murs de trèfles blancs ! »

L'Alhambra en chiffres

- **150** ans : c'est la durée d'occupation du palais par les souverains musulmans, les Nasrides.
- **800 m** : c'est la longueur de la crête rocheuse où est situé le palais.
- **128** colonnes soutiennent la COUR DES LIONS.
- **45 m** : hauteur de la TOUR DE COMARES.
- **35** x **7 m** : dimensions du bassin de la COUR DES MYRTES.
- **11,30** x **11,30 m** : ce sont les dimensions de la salle la plus vaste, la SALLE DES AMBASSADEURS.
- **12** lions en marbre noir soutiennent le bassin de la COUR DES LIONS.
- **23** tours jalonnent l'enceinte protégeant le palais.
- **1984** : inscription au Patrimoine mondial de l'Unesco.

Le palais Topkapi

Pendant quatre siècles, c'est dans ce palais que s'est joué le destin de l'Empire ottoman. Topkapi, à Istanbul, abrite à partir du XVe siècle l'administration et la résidence des sultans. Un ensemble hétéroclite de bâtiments, de couloirs, de cours, de petits jardins et de salles d'apparat qui se resserre au fur et à mesure que l'on se rapproche des appartements privés. Une sorte de campement désordonné et figé dans la pierre qui rappelle le passé nomade des Turcs.

Fès

Lorsque, à la fin du XVe siècle, les souverains catholiques chassent le dernier roi du royaume musulman de Grenade, techniciens, artistes, artisans (dont les architectes de l'Alhambra) s'exilent en nombre au Maroc, notamment à Fès où ils édifient mosquées, bibliothèques, madrasas richement parées. Le palais royal qui se cache derrière d'épaisses portes sert de résidence temporaire aux souverains, et chaque autre cité impériale (Rabat, Mekhnès, Marrakech) possède le sien.

Les merveilles du monde MODERNE...

Joyaux de civilisations au midi de leur splendeur, elles sont ce que l'homme a su édifier de plus beau. Sans doute parce que le pouvoir, l'Histoire, l'architecture et les arts s'y conjuguent avec une rare harmonie. Sources d'inspiration de multiples artistes, elles sont copiées, reproduites et continuent de susciter émerveillement et fascination.

VENISE

Posée sur l'eau plate de la lagune, elle a le regard tourné vers l'Orient. À la mer, elle doit tout : sa naissance, sa fortune et sa puissance. Avec une immense fierté, ses habitants la nomment la « Sérénissime République », cette cité glorieuse qui a su se doter d'un gouvernement serein et paisible, à la différence des autres villes d'Italie si instables.

LE GRAND CANAL

VENISE, LA CITÉ NÉE DES FLOTS, est un miracle. Qui aurait pu imaginer que de l'Adriatique, où se mêlent eaux saumâtres, sables et boues, allait émerger une si prestigieuse cité ?

La cité de saint Marc

Le destin bien disposé à son égard lui donne l'impulsion de départ : en 828, deux marchands rapportent d'Alexandrie les reliques de saint Marc, promu patron de la ville, puis l'énergie des Vénitiens et les hasards heureux de l'Histoire font le reste... Au XIe siècle, les milliers d'îlots sont consolidés à l'aide de piles de bois et on y creuse un réseau dense de canaux. Les marchands reconnaissent vite les avantages du site abrité, proche des côtes italiennes et dalmates et au contact de l'Allemagne. Il est surtout la tête de pont de l'Orient d'où Venise va tirer sa fortune, en se dégageant de l'hégémonie de l'Empire byzantin. Après avoir obtenu la liberté de commercer avec l'Orient, elle participe avec l'aide des croisés à la prise de Constantinople en 1204, s'approprie des terres de l'Empire byzantin et fonde des colonies et des ports tout le long de la route maritime qui la relie à la Méditerranée orientale. Cette domination permet la mise en place d'institutions originales. Celles d'une **RÉPUBLIQUE** démocratique et à la fois élitiste où le pouvoir du **DOGE** est contrôlé par le Sénat, lui-même issu du **GRAND CONSEIL,** c'est-à-dire l'ensemble des nobles.

Splendeurs baroques

Ceux-ci connaissent, à partir du XVe siècle, une prospérité sans égale. Le commerce avec l'Orient est fructueux et la **RÉPUBLIQUE** étale sans pudeur sa richesse. Elle attire des artistes que les négociants aisés encouragent dans le but de glorifier leur illustre cité. Architectes, peintres, sculpteurs portent au plus haut l'art de la Renaissance puis l'art baroque. Les plus belles demeures donnent sur le **GRAND CANAL.** Le long de ce « serpent de mer », orné à son embouchure de la **PLACE SAINT-MARC** et du **PALAIS DES DOGES,** enjambé par le **PONT DU RIALTO,** bat le cœur de Venise. Au pied des façades, où se mélangent la brique rouge, la pierre blanche d'Istrie et les marbres colorés, circulent en barques ou en gondoles les marchandises destinées à être stockées dans les entrepôts des palais. En retrait, les quartiers populaires s'organisent autour du *campo*, la place publique, ses ruelles,

Le temps du carnaval

Issu d'une très ancienne tradition de bals masqués, le carnaval de Venise a conservé tous ses fastes d'antan : défilés sur le Grand Canal, bals et spectacles pendant dix jours, en février. Les participants se déguisent avec des masques dorés ou colorés et de merveilleux costumes inventés pour l'occasion.

ses canaux latéraux et son église paroissiale. Même si, au XVIIIe siècle, Venise décline en raison de la domination des Turcs en Méditerranée orientale, elle continue à briller d'un éclat éblouissant et à s'étourdir dans la féerie des fêtes perpétuelles. Celles-ci contribuent à exercer sur l'imagination un attrait puissant et à entretenir le mythe d'une cité à la beauté somptueuse et décadente. ●

À LIRE !

Venise d'Alfred de Musset (1810-1857).

Dans Venise la rouge,
Pas un bateau qui bouge,
Pas un pêcheur dans l'eau,
Pas un falot.

Seul, assis à la grève,
Le grand lion soulève,
Sur l'horizon serein,
Son pied d'airain.

Autour de lui, par groupes,
Navires et chaloupes,
Pareils à des hérons
Couchés en ronds,

Dorment sur l'eau qui fume,
Et croisent dans la brume,
En légers tourbillons,
Leurs pavillons...

Le Grand Canal

La basilique Saint-Marc

La façade de la basilique Saint-Marc porte l'empreinte de l'art byzantin qui triomphe à Constantinople lorsqu'elle commence à être construite à la fin du XIe siècle. Rien n'est trop beau pour le sanctuaire qui abrite les reliques de saint Marc: mosaïques à fond doré, bronze, marbre, albâtre couvrent à l'intérieur les murs et les coupoles ainsi que le pavement.Au sommet trônent les quatre chevaux en bronze que la tradition attribue au sculpteur grec Lysippe.

▲ *Depuis 1591, l'élégante silhouette du pont du Rialto domine le Grand Canal.*

◀ *Le célèbre pont des Soupirs relie le Palais des Doges à de sinistres cachots !*

Sauver Venise des eaux

Les millions de piles de bois sur lesquelles la ville repose s'enfoncent aussi sûrement que le niveau général de la mer remonte. S'y ajoutent les nuisances telles que la pollution de l'air rongeant la pierre, les vibrations et les vagues créées par les canots à moteur ébranlant les fondations... et les caprices de la nature, responsables d'inondations catastrophiques comme celle de 1966. De quoi justifier des mesures d'envergure.

D'autres Venise

Parce qu'elles ont les pieds dans l'eau et que des canaux les quadrillent, plusieurs villes du nord de l'Europe prennent le surnom de «Venise du Nord» comme Bruges en Belgique, autre grande cité du commerce au Moyen Âge, Amsterdam aux Pays-Bas, Stockholm en Suède et Saint-Pétersbourg en Russie. Quant à Suzhou, en Chine, elle peut se targuer d'être la «Venise de l'Orient». Lors de son voyage au XIIIe siècle, le Vénitien Marco Polo est frappé par sa grande beauté.

SUZHOU

Venise en chiffres

- **15** millions de visiteurs par an à l'heure actuelle.
- **200 000** habitants au XVe siècle, **65 000** aujourd'hui.
- **118** îlots séparés par **200** canaux, enjambés par **400** ponts aujourd'hui.
- **500** colonnes taillées d'un seul bloc supportent la BASILIQUE SAINT-MARC, coiffée de **5** coupoles.
- **3,800 km** : longueur du GRAND CANAL; **200** palais sont bâtis le long de ses eaux.
- **175 m** sur **82 m** : dimensions de la PLACE SAINT-MARC qui a la forme d'un trapèze.
- **99 m** : hauteur du campanile de la PLACE SAINT-MARC.
- **10 000** : nombre de gondoles qui sillonnaient Venise au XVIIe siècle. Elles sont **350** aujourd'hui.
- **11 m** : longueur autorisée de la gondole qui doit être peinte en noir selon le décret de 1562.
- **11** siècles : durée de la République entre **697** et **1797**.
- **3,559 g** : poids en or fin du ducat, la monnaie frappée à Venise considérée comme le «dollar du Moyen Âge».

Un nouvel art de vivre :

Les CHÂTEAUX de la LOIRE

Au temps où la cour des rois de France est nomade et sans domicile fixe, les châteaux de la Loire ont sa préférence. Ces palais élégants et lumineux, célébrant un nouvel art de vivre, n'ont plus rien à voir avec les anciennes forteresses qu'ils étaient à l'origine.

CHAMBORD

DE SULLY-SUR-LOIRE À SAUMUR, l'onde paresseuse de la Loire porte le reflet de nombreuses et belles demeures de pierre inspirées de l'art de la **RENAISSANCE**. Ce style, qui se diffuse en France à la suite des guerres d'Italie, révolutionne l'architecture.

Des rêves de grandeur

Les citadelles du Moyen Âge conçues pour la défense, comme celles d'**USSÉ**, **AMBOISE** ou **LANGEAIS**, sont transformées pour devenir d'agréables lieux de villégiature. À **CHENONCEAUX**, **CHAMBORD** et **BLOIS** sont édifiés de toutes pièces de nouveaux châteaux au goût du jour, à la demande des souverains ou de riches financiers. Anciens ou nouveaux, ces châteaux présentent des caractéristiques communes : un plan régulier, des façades structurées par des piliers et des moulures, des loggias ouvertes sur l'extérieur, des grandes galeries pour les festivités, des jardins aménagés pour l'agrément et la conversation et, enfin, une profusion d'éléments décoratifs.

FRANÇOIS Ier, dont le règne dure trente-deux ans entre 1515 et 1547, est le souverain mécène du Val de Loire. Tous les plus beaux palais de cette douce vallée portent l'empreinte de ce roi bâtisseur ou le souvenir de sa présence. À **AMBOISE**, il se contente d'achever les travaux lancés par ses prédécesseurs, Charles VIII et Louis XII. Au château de **BLOIS**, il fait construire l'aile de trois étages qui affiche clairement son inspiration. Côté ville, les loges de la façade rappellent les palais italiens et, côté cour, un magnifique escalier à claire-voie conduit à la chambre royale. C'est à **CHAMBORD** que le roi fixe dans la pierre son rêve de grandeur. Avec l'aide de l'homme de génie qu'est **LÉONARD DE VINCI**, il en imagine les plans, mais il mourra avant son achèvement. Ce palais rectangulaire, flanqué de quatre grandes tours en façade, évoque encore les châteaux forts d'antan. Posé sur un parterre de verdure et d'eau, il est avant tout un château d'apparat, capable d'abriter la cour entière avec ses 440 pièces. Elles sont distribuées par le célèbre escalier à double vis où deux personnes, l'une montant, l'autre descendant, peuvent se voir sans toutefois se croiser. Cette construction conduit à l'étonnante terrasse courant autour des toits. Elle est conçue afin que la foule de courtisans suive de là les tournois, observe les départs à la chasse ou flâne. Avec sa

François Ier par Jean Clouet, 1527.

forêt de cheminées et de clochetons, ses innombrables lucarnes, ses hautes toitures « à la française » et sa lanterne centrale surmontée d'une fleur de lys, elle ressemble à une couronne, image de la royauté triomphante.

C'est à François Ier que reviennent les châteaux de **CHENONCEAUX** et **AZAY-LE-RIDEAU** après que leurs bâtisseurs, tous deux financiers, ont connu des revers de fortune ou la disgrâce. De ces deux édifices, situés l'un sur le Cher et l'autre sur l'Indre, émanent une belle élégance et une profonde unité. Ils sont les premiers chefs-d'œuvre de la Renaissance française où se combinent avec une rare harmonie l'art de bâtir spécifique à la France et l'apport italien. ●

CHENONCEAUX

AZAY-LE-RIDEAU

« En gravissant une crête, j'admirai pour la première fois le château d'Azay, diamant taillé à facettes, serti par l'Indre, monté sur des pilotis masqués de fleurs. »

Honoré de Balzac, *le Lys dans la vallée*.

Les châteaux de la Loire en chiffres

- **800 000** visiteurs annuels dans les deux châteaux les plus fréquentés : CHENONCEAUX et CHAMBORD.
- **5 433** hectares : surface du parc entourant le château de CHAMBORD. Il est le plus grand d'Europe et un mur de **33 km** le clôture.
- **1 140** livres de bibliothèque, **172** tapis, **130** tapisseries, **39** tentures en cuir : c'est le butin de guerre rapporté d'Italie par le roi Charles VIII en 1496. Il sert à la décoration intérieure du château d'AMBOISE.
- **440** pièces au château de CHAMBORD, chauffées par **365** cheminées et desservies par **13** escaliers.
- **230** panneaux décorent le cabinet de Catherine de Médicis situé dans l'aile François Ier du château de BLOIS. Ils cachent des armoires secrètes où la reine aurait conservé des poisons et des documents précieux.
- **64** ans : c'est l'âge de Léonard de Vinci quand il arrive à AMBOISE, où François Ier l'installe dans le manoir du CLOS-LUCÉ, relié au château royal par un souterrain.
- **60 m** : longueur de la galerie du château de CHENONCEAUX. Elle est posée sur un pont à **5** arches enjambant le Cher.
- **2** femmes célèbres sont liées à l'histoire de CHENONCEAUX : Diane de Poitiers, maîtresse du roi Henri II, et l'épouse de ce dernier : Catherine de Médicis.
- **2000** : date d'inscription du VAL DE LOIRE au Patrimoine mondial de l'Unesco. Sa superficie est de 800 km² et s'étend de SULLY-SUR-LOIRE à CHALONNES.

À RETENIR

Jardins italiens

CHÂTEAU DE VILLANDRY

Un château de style Renaissance ne saurait être complet sans son jardin dont la mode vient aussi d'Italie. Ébloui par les jardins qu'il découvre à Naples lors des guerres d'Italie, Charles VIII fait venir le jardinier Pacello de Mercogliano. Celui-ci orne Amboise de beaux parterres et dessine les jardins de Blois. Dès lors, toutes les belles demeures du bord de Loire se voient parées de jardins splendides où, sur des terrasses et autour de pièces d'eau, s'ordonnent des tapis fleuris et odorants.

◀ *Léonard de Vinci (autoportrait) et son fameux escalier à double vis du château de Chambord.* ▼

KALMAR, SUÈDE

Dans l'Europe entière

Le vent puissant de la Renaissance souffle sur les autres pays d'Europe où les souverains se font aussi construire ou aménager des résidences royales qui s'inspirent du goût nouveau. Henry VIII, en Angleterre, séjourne à Hampton Court, un vaste château qui cherche à se dégager du style gothique, où des appartements royaux sont construits. Philippe II, le roi d'Espagne, fait venir en 1560 un architecte de Naples pour édifier l'Escurial, son palais austère qui est en même temps monastère et mausolée. En Suède, le roi Jean III transforme la forteresse de Stockholm en un élégant palais. Il donne aussi au château de Kalmar une touche nouvelle.

La résidence fortifiée des tsars :
Le KREMLIN de Moscou

Le seul mot de kremlin (du russe, *kreml* signifiant « forteresse ») évoque le pouvoir. Celui exercé, en toute discrétion et en toute omnipotence, à l'abri d'épaisses murailles par les tsars, puis par les dirigeants de l'Union soviétique. Un lieu par ailleurs indissociable de Moscou, capitale de la Russie, sauf entre 1712 et 1918 où elle est détrônée...

▲ *La partie méridionale de l'enceinte du Kremlin borde la Moskova. À gauche, la tour circulaire Vodovzvodnaïa est un château d'eau. L'étoile rouge soviétique orne son sommet.*

AU DÉBUT DU XVIe SIÈCLE, la Russie sort de son interminable Moyen Âge. Les grands princes de Moscovie Ivan III et Vassili III unifient les principautés de Russie sous leur autorité et ont la volonté d'embellir celle qui est à présent la capitale : **MOSCOU**.

Le feu, ennemi principal

Grâce au concours d'architectes italiens, le **KREMLIN** acquiert à cette époque l'essentiel de sa physionomie, même si, au cours des siècles, il fait l'objet de nombreux réaménagements. Des envahisseurs (Tatars en 1571), des armées (troupes polonaises en 1612 et françaises en 1812) ou les troubles politiques n'épargnent pas du pillage ou de la destruction ce haut lieu du pouvoir. Moins souvent que les incendies, le pire ennemi de Moscou, une ville construite en bois. Après chaque reconstruction, le **KREMLIN** gagne en splendeur. Ivan III ordonne de séparer la forteresse d'un gigantesque espace vide qui jouerait le rôle de pare-feu. C'est l'origine de la **PLACE ROUGE**.

En 1547, cela n'empêche pas le feu de ravager la ville presque entière et le **KREMLIN**. Le tsar Ivan IV fait alors acte de contrition publique sur la grande place, qu'il orne plus tard d'une grande église surmontée de quatre hautes tours entre lesquelles viennent s'intercaler huit chapelles coiffées, elles aussi, de coupoles en forme de bulbe : la **BASILIQUE SAINT-BASILE**.

Le palais des tsars

Lorsque, au XVIIe siècle, le **KREMLIN** abandonne son rôle défensif pour devenir une résidence royale, il apparaît comme un joyau posé sur la rive de la **MOSKOVA**. La muraille crénelée en briques, ponctuée de vingt tours délimitant un triangle, impose le respect. À intervalles réguliers, elle est surmontée d'aigles à deux têtes, le symbole que les **TSARS** ont pris à l'Empire byzantin depuis que la capitale Constantinople est tombée aux mains des Turcs en 1453. À partir de cette date,

Saint-Pétersbourg

Les architectes italiens ont construit la plupart des palais de Saint-Pétersbourg, au temps où l'impératrice Catherine II cherche à perpétuer la magnificence de la capitale sortie des eaux par le tsar Pierre le Grand. D'innombrables demeures princières déroulent leurs façades couleur jaune safran, qui cachent des merveilles d'ornementations.

Catherine II, impératrice de Russie (1729-1796).

Moscou apparaît comme son héritière et s'impose comme centre de la chrétienté orientale, autrement dit l'orthodoxie. Ainsi l'imposante enceinte du **KREMLIN** cache-t-elle à côté des palais, résidences des tsars, une véritable collection de cathédrales et d'églises jetant en plein ciel leurs dômes étincelants surmontés de croix d'or. Au pied du clocher d'Ivan le Grand s'élève la cathédrale de l'Annonciation construite à la fin du XVe siècle, surmontée de neuf coupoles dorées. Elle sert d'écrin aux magnifiques icônes attribuées au grand artiste Andreï Roublev. Mais la **CATHÉDRALE DE LA DORMITION**, non loin de là, érigée à la même période que la précédente, est la plus chargée d'histoire. Pendant quatre siècles, les tsars y furent couronnés et les chefs de l'Église orthodoxe enterrés. ●

▶ *La place Rouge.*

▲ *L'église de l'Annonciation, au Kremlin.*

« Au-dessus de Moscou, il y a le Kremlin ; au-dessus du Kremlin, il n'y a que le ciel. »

Proverbe russe

Le Kremlin et la place Rouge en chiffres

- **73 000 m²** : superficie de la PLACE ROUGE.
- **2 235 m** : longueur de la muraille du KREMLIN qui peut atteindre **19 m** de hauteur et **6 m** d'épaisseur. Elle possède **20** tours mesurant entre **20** et **70 m** de hauteur.
- **97 m** : hauteur du CLOCHER D'IVAN LE GRAND renfermant « LA REINE », une grosse cloche lourde de **210** tonnes.
- **57 m** : hauteur de l'ÉGLISE SAINT-BASILE-LE-BIENHEUREUX.
- Superficie du KREMLIN : **28** ha.
- **1990** : date d'inscription au Patrimoine mondial de l'Unesco.

À RETENIR !

Le Moscou soviétique

Au temps de l'URSS, entre 1918 et 1991, tous les organes du gouvernement sont concentrés au Kremlin puisque Lénine, l'artisan de la révolution d'Octobre qui renverse le régime tsariste, décide de redonner à Moscou sa fonction de capitale perdue depuis 1718 au profit de Saint-Pétersbourg. Le long du mur du Kremlin sont enterrés de nombreux hommes politiques soviétiques et, sur la place Rouge, s'élève le mausolée de Lénine qui a attiré des foules denses pendant des décennies. Le lieu est à jamais attaché aux défilés de troupes en ordre serré, de chars ou de fusées, organisés à la gloire d'un régime triomphant qui aujourd'hui n'est plus.

Les bulbes de Saint-Basile

Quand le tsar Ivan IV décide d'édifier l'église Basile-le-Bienheureux en 1555, c'est pour commémorer sa victoire sur les Tatars à Kazan, mettant fin à trois cents ans d'occupation. Elle porte d'abord le nom de « Intercession de la Vierge » et s'appelle plus tard Saint-Basile-le-Bienheureux, un saint vivant sur le chantier pendant la construction de l'édifice et inhumé en son sein. L'édifice produit l'effet d'un surgissement multicolore. Le regard est porté par une multitude de spirales et d'ornementations : bulbes taillés en bossage, en pointe de diamant, où cohabitent le bleu roi, le rouge sang et le vert foncé…

◀ *Vladimir Ilitch Oulianov, dit Lénine.*

▼ *Le Mausolée de Lénine, au pied des murailles du Kremlin.*

Sous son immense coupole :
SAINT-PIERRE de Rome

LA PLACE SAINT-PIERRE DE ROME

▲ *La colonnade du Bernin entoure la place Saint-Pierre. Elle est composée de 284 colonnes et surmontée de 140 statues représentant les grands personnages de la chrétienté.*

BERCEAU DE LA CIVILISATION LATINE et capitale des papes, Rome attire au XVIe siècle une foule d'artistes désireux de s'inspirer des maîtres antiques et de réaliser des œuvres à la hauteur de leurs talents.

Le rêve des papes

Le pape Jules II, qui sait s'attacher les services des meilleurs, lance l'un des plus grands chantiers de l'époque : la **BASILIQUE SAINT-PIERRE**. L'édifice a déjà une longue histoire, puisqu'il est construit en 326 par l'empereur romain Constantin sur la tombe de l'apôtre Pierre, considéré comme l'héritier du Christ et l'ancêtre des papes. Au XVIe siècle, le vieux bâtiment menace de tomber en ruine et il est décidé de la remplacer par une construction neuve grâce à la générosité des fidèles. La collecte des dons donne lieu en Allemagne à des abus qui scandalisent le moine Luther, le promoteur du protestantisme. En 1506, le pape bâtisseur et épris de grandeur fait appel à **BRAMANTE** pour concevoir la nouvelle église. Il adopte un plan en croix grecque (quatre bras égaux) et a l'idée d'élever une grande coupole au-dessus du croisement de deux bras, là où est déposée la tombe de l'apôtre Pierre. L'architecte ne peut voir son œuvre réalisée puisqu'il meurt au cours des travaux. Trente-deux ans plus tard, le chantier est confié à **MICHEL ANGE** qui insuffle au bâtiment son énergie vitale et son sens du mouvement. Il dessine la majestueuse coupole, une prouesse architecturale qui s'élève à 132 m de haut. Plus tard, en 1605, Maderna, qui est chargé de concevoir la façade, reçoit l'ordre de prolonger un des bras de l'église pour y édifier une nef centrale bordée de deux nefs latérales auxquelles se rattachent trois chapelles. Après plus de cent ans de travaux, l'église la plus grande du monde est enfin consacrée en 1626 par le pape Urbain VIII, mais elle n'est pas complètement achevée pour autant ! **LE BERNIN**, le plus grand artiste baroque qui triomphe à Rome, met tout son art au service de la décoration intérieure. À l'ouest de l'église où un chœur à l'ornementation foisonnante est aménagé, il crée un magnifique trône en bronze.

La coupole dessinée par Michel Ange.

Pour glorifier encore davantage l'intérieur du sanctuaire, il place au-dessus de la tombe de Pierre un baldaquin monumental reposant sur quatre colonnes de bronze torsadées.

La place Saint-Pierre qui se déploie devant l'église porte aussi la trace du grand maître du style baroque. Conçue comme un décor de théâtre grandiose, elle forme une ellipse encadrée par un double portique ovale de 284 colonnes surmontées de statues et ornée en son centre d'un obélisque égyptien. Sans doute pour répondre à la prétention à l'universalité que les papes de Rome veulent afficher, Le Bernin cherche à symboliser une Église tournée vers le monde qui, entre ses bras, enserre l'immense foule des chrétiens. ●

Saint-Pierre de Rome en chiffres

- **60 000** personnes: sa capacité d'accueil en fait l'édifice religieux le plus grand de tous les temps.
- Superficie: **15 000 m²** (4 fois plus vaste que Notre-Dame de Paris).
- Dimensions de la coupole dessinée par MICHEL ANGE: **132 m** de haut et **43 m** de diamètre.
- Dimensions de la colonnade du Bernin de la PLACE SAINT-PIERRE: **340 m** de longueur et **240 m** de largeur.
- **120** ans de travaux: durée du chantier.
- **29 m**: hauteur du baldaquin du Bernin.

◀ *La place Saint-Pierre vue du sommet de la coupole de la basilique.*

Au cœur du Vatican

À RETENIR !

Depuis 1929, Saint-Pierre se trouve au cœur de l'État miniature du Vatican (0,44 km², 700 habitants) dont le pape est le souverain. La résidence des papes est composée de palais, de chapelles, de bibliothèques somptueux recelant le plus grand nombre de trésors artistiques au monde. On compte au total plus de 1000 salles, 60 000 livres et manuscrits, et deux joyaux: les Loges, décorées par les admirables peintures de Raphaël, et la chapelle Sixtine portant la marque de Botticelli, du Pérugin et surtout de Michel Ange. Celui-ci peint la voûte en s'inspirant de la Genèse de la Bible. En 1541, il achève la fresque du *Jugement dernier* sur le mur de l'autel.

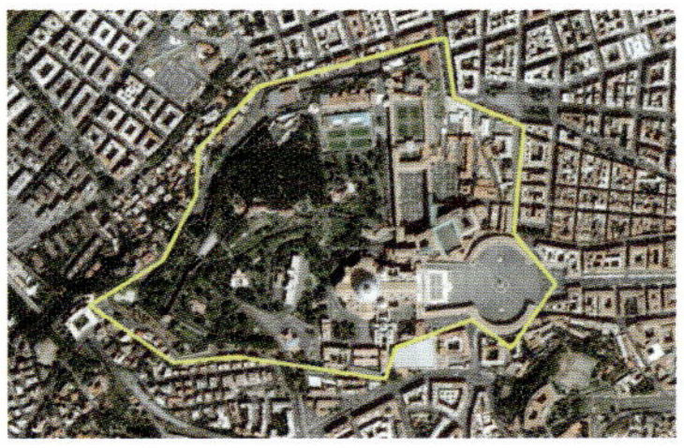

« À Saint-Pierre, j'ai appris comment l'art, aussi bien que la nature, peut réduire à néant les comparaisons de proportions. »
Goethe (1794-1832)

La Pietà de Michel Ange

Michel Ange n'a pas encore vingt-cinq ans lorsqu'il sculpte pour la basilique Saint-Pierre sa célèbre pietà, une statue représentant la Vierge éplorée tenant dans ses bras le corps de son fils Jésus-Christ. Cette composition, incluse dans un triangle, symbole de la Trinité, est sculptée entre 1498 et 1500 dans un bloc de marbre de Carrare choisi par l'artiste lui-même. Elle est la seule œuvre qu'il a signée.

▼ *La fontaine des Quatre-Fleuves de Le Bernin. Piazza Navona, Rome.*

Le Bernin (1598-1680)

Cet artiste, doué de tous les talents comme Michel Ange, est à la fois architecte, sculpteur et décorateur. Il incarne l'art baroque en jouant avec l'espace, les matériaux et la lumière, et donne à Rome, où ce style triomphe, la plupart de ses chefs-d'œuvre: églises, chapelles, monuments funéraires, fontaines (celle notamment des Quatre-Fleuves sur la piazza Navona). Plus que tout autre, il est l'artiste des papes qui lui accordent leurs faveurs pendant plus de soixante ans.

Derrière les murs du secret :

La CITÉ INTERDITE

C'EST AU DÉBUT DU XVe **SIÈCLE** que l'empereur Yongle de la dynastie des **MING** décide d'abandonner la capitale de Nankin pour la transférer à **PÉKIN**. Commencent alors de titanesques travaux mobilisant, entre 1406 et 1420, des centaines de milliers d'ouvriers et aboutissant à la réalisation d'une vraie merveille.

Au centre du monde

Même si elle est malmenée au cours de son histoire, notamment en 1644 lorsque les envahisseurs mandchous la brûlent presque entièrement, les vingt-quatre empereurs qui s'y succèdent jusqu'en 1911 prennent le soin de la reconstruire toujours à l'identique.

La **CITÉ INTERDITE** (ou palais impérial), située au centre de Pékin, est considérée comme le centre symbolique de la Chine et du monde. Elle abrite la puissance de l'empereur, appelé « fils du Ciel », qui se doit de garantir l'harmonie entre le ciel, la terre et les hommes. Cette conception inspire et reflète l'organisation du lieu structuré selon un axe nord-sud qui dessert une succession de palais et de bâtiments. Ceux du sud sont consacrés à la vie politique, tandis que ceux du nord sont réservés à la famille impériale.

Sur une vaste esplanade, un triple escalier de marbre blanc conduit au palais le plus grand et le plus richement décoré : celui de l'**HARMONIE SUPRÊME**. Un écrin à la mesure de l'apparat grandiose des cérémonies qui s'y déroulent à l'occasion du nouvel an lunaire, du solstice d'hiver et de l'anniversaire de l'empereur. Ces jours-là, les dignitaires viennent se prosterner aux pieds de leur maître assis sur son trône doré, qui est surmonté d'un dragon enroulé tenant une perle géante, symbole du pouvoir suprême. Les deux autres bâtiments officiels ont une importance moindre. Le **PALAIS DE L'HARMONIE DU MILIEU** sert au repos du souverain avant les cérémonies et, dans celui de l'**HARMONIE PROTECTRICE,** il préside un banquet offert aux ambassadeurs et aux grands dignitaires de l'empire.

Que gardent les deux lions en bronze de chaque côté de la grande porte séparant la partie nord de la partie sud ? L'espace le plus secret de la **CITÉ INTERDITE,** où seuls quelques lettrés fonctionnaires ont le droit de pénétrer dans la journée. Le soir, les portes se referment et protègent

Le jardin impérial

Il contient les essences, les plantes et les roches les plus précieuses de la Chine. Il est à ce titre le premier jardin de l'empire. Au-delà de la fraîcheur qu'il apporte et de la paix qu'il inspire, il doit, comme tout jardin chinois, éveiller la sensibilité de l'homme et l'aider à progresser dans sa recherche spirituelle.

l'intimité de l'empereur, entouré de sa famille, de ses concubines et de leurs suivantes. Ces dernières forment une foule importante qui circule le long de trois imposants bâtiments servant à l'origine de résidence personnelle de l'empereur, le deuxième abritant le trône de l'impératrice et le troisième lui servant de demeure. Les épouses et favorites disposent des **« SIX PALAIS DE L'EST »** et des **« SIX PALAIS DE L'OUEST »** séparés par un dédale de pavillons, de galeries, de jardins et de temples, où s'activent gardes, servantes et eunuques. Une cité dans la cité hors du monde et du temps. ●

Les dragons

Présent partout dans la Cité interdite (sur les murs, les habits de l'empereur et au-dessus de son trône), le dragon est symbole de vie, de puissance et de richesse. Emblème de l'empereur, le dragon est associé à la foudre (il crache du feu) et à la fertilité (il amène la pluie), il représente donc les rythmes de la vie qui garantissent l'ordre et la prospérité.

À LIRE !

Mémoires concernant les Chinois, Missionnaire anonyme, 1776.

« Le Louvre tiendrait largement dans une des cours du palais de Pékin, et l'on en compte un bon nombre… Tous les missionnaires que nous avons vus arriver d'Europe ont été frappés par l'air de grandeur, de richesse et de puissance du palais de Pékin. Tous ont confessé que, si les diverses parties qui le composent n'enchantent pas la vue comme les plus beaux exemples de la grande architecture européenne, leur ensemble constitue un spectacle auquel rien de ce qu'ils avaient vu auparavant ne les avait préparés. »

◀ *Dans la Cité interdite, les lions de bronze gardaient les résidences des fonctionnaires.*

Pu Yi, le dernier empereur

À RETENIR !

◀ *Pu Yi (debout) à 3 ans, l'année de son couronnement (1909).*

Pu Yi (1906-1967), le dernier empereur chinois, fut couronné à seulement 3 ans. Il devra abdiquer en 1911, suite à des révoltes populaires. Néanmoins, il obtiendra du gouvernement chinois de pouvoir continuer à résider dans la Cité interdite avant d'en être définitivement expulsé en 1924.

Le Temple du Ciel

La Cité interdite contient 9 999 chambres car seules les divinités avaient le droit de construire un palais comprenant 10 000 chambres. De ce fait, les hommes ont essayé de se rapprocher autant que possible de leur idéal de perfection. ▼

La Cité interdite en chiffres

- Superficie : **720 000 m²**.
- Dimensions de l'enceinte entourant la CITÉ INTERDITE : **960 m** de large sur **760 m**.
- **30 000 m²** : superficie de l'esplanade précédant le PALAIS DE L'HARMONIE SUPRÊME.
- **9 999** pièces réparties dans **800** palais.
- Superficie du PALAIS DE L'HARMONIE SUPRÊME : **2 377 m²**.
- **9 000** servantes et **100 000** eunuques sont au service de l'empereur et de sa suite au XVIIe siècle.
- **9** rangées de **9** clous dorés décorent les portes des bâtiments impériaux.
- **3** épouses, **6** favorites et **72** concubines, c'est le nombre de femmes, établi par la tradition, qui peuvent vivre auprès de l'empereur. Bien souvent, il en a beaucoup plus !
- **2** dynasties d'empereurs, les MING et les QING, s'y succèdent pendant cinq siècles jusqu'en 1911.

Imitations du modèle

L'art de bâtir en Chine s'est propagé dans toute l'Asie du Sud-Est, notamment au Japon où, dans la capitale Heian-Ko (l'actuel Kyoto), un grand palais abrite l'empereur à partir de 794, entouré de courtisans. Bien plus tard, lorsque Hué devient la capitale du Vietnam (1802-1945), le roi fait construire une citadelle sur le modèle de la Cité interdite de Pékin. Elle forme un grand quadrilatère où la Cité impériale est séparée de la Cité pourpre interdite par le canal royal. Palais, temples, pavillons et ponts s'ordonnent aussi de part et d'autre d'un axe nord-sud.

Tout de blanc vêtu :
Le TAJ MAHAL

LE TAJ MAHAL, INDE

▲ *L'impression de plénitude dégagée par le magnifique Taj Mahal est accentuée par la symétrie qui régit l'agencement des lieux : niches, coupoles, minarets, jardins et canaux.*

AU XVIIe SIÈCLE, À L'ÉPOQUE OÙ, EN INDE, la civilisation musulmane est au sommet de sa splendeur, le futur souverain **MOGHOL** épouse la fille d'un dignitaire âgée de quinze ans, à la beauté éclatante. Au cours de leurs dix-neuf ans de mariage, celle qui trône aux côtés de son mari depuis 1628 donne la vie à quatorze enfants. Et c'est en mettant au monde le dernier qu'elle meurt en 1631. On raconte alors que l'empereur **SHAH DJAHAN** devint fou de chagrin. Il s'enferma pendant huit jours dans la chambre de sa bien-aimée, en ressortit la barbe et les cheveux blanchis, et décréta un deuil de deux ans où toute réjouissance était interdite.

Une couronne de marbre

Pour immortaliser son amour et le sceller dans la pierre, il entreprend dès 1632 de dresser le tombeau le plus fastueux jamais imaginé. À la sortie de la ville d'**AGRA**, capitale de l'**EMPIRE MOGHOL**, il choisit l'emplacement sur la rive de la Yamunâ et fait venir l'architecte perse le plus célèbre, **USAD AHMAD DE LAHORE**. Le souverain aurait fait assassiner l'épouse de ce dernier afin qu'il ressente pleinement le chagrin et le transcrive dans l'édifice qu'il était chargé de concevoir ! Pendant près de vingt ans, vingt mille ouvriers s'activent sur le chantier titanesque. Architectes, tailleurs de pierre, ouvriers édifient le monument bientôt appelé **TAJ MAHAL**, ou «Couronne de l'élue du palais», en travaillant principalement le grès rouge, la pierre extraite sur place, et le marbre blanc importé à dos d'éléphant de la lointaine province du Rajasthan. Ils élèvent un majestueux portail d'entrée, aménagent un jardin orné d'arbres, de fleurs, de fontaines et d'un très long bassin où doit se refléter le mausolée. Ils le font peu à peu surgir de terre en bâtissant un socle encadré de quatre tours, des minarets légèrement inclinés vers l'extérieur de façon à éviter qu'ils ne s'écroulent sur le tombeau en cas de tremblement de terre. Les maîtres d'œuvre déploient tout leur art en ouvrant sur la façade de marbre éblouissante de blancheur un

Danger, pollution !

Souvent considéré comme la huitième merveille du monde, le Taj Mahal est le monument le plus visité en Inde avec 3 millions de visiteurs par an. Aux dégradations liées à un tel afflux s'ajoutent les dégâts dus à la pollution des fonderies, des raffineries, des verreries, des fours à briques et véhicules circulant sur les voies rapides ceinturant la ville d'Agra. Depuis peu, le gouvernement a ordonné la délocalisation ou la modernisation des usines fautives, mais les décisions restent à appliquer. Il s'est cependant opposé avec fermeté à l'implantation d'un immense complexe touristique prévu à deux pas du prestigieux site...

grand porche et de multiples niches, et en coiffant le tout d'une admirable coupole en forme de bulbe. Ce chef-d'œuvre aux formes parfaites et harmonieuses recèle un trésor : la crypte où repose le tombeau de l'impératrice. Les sculpteurs, calligraphes, joailliers venus de très loin gravent, cisèlent le marbre et y incrustent des pierres précieuses ou fines pour représenter des fleurs multicolores, d'infinies arabesques et des écrits sacrés du Coran. Diamant, turquoise, corail, jaspe, saphir, agate se répondent dans une éblouissante féerie. Une vingtaine d'années plus tard, Shah Djahan est dépossédé de son trône et emprisonné dans le fort d'Agra par un de ses fils. Là, sa seule consolation est de contempler le Taj Mahal où, à sa mort, il rejoint sa femme sous son linceul de marbre. ●

Le Taj Mahal

▲ *L'édifice réunit des influences perses, turques et indiennes, mais son maître d'œuvre nous reste inconnu.*

Le portail d'entrée

▶ *Le grès rose des édifices annexes met en valeur l'éclat du tombeau de marbre.*

Façade ornée

Marbre incrusté

Des mausolées inspirés de Mausole

Depuis l'Antiquité, Mausole, qui a fait construire son tombeau à Halicarnasse (d'où mausolée), a servi de modèle à toute une série de monuments abritant la dépouille de personnalités religieuses ou politiques. En Irak, à Najaf, s'élève, depuis le XVIIe siècle, le mausolée d'Ali, cousin et gendre de Mahomet considéré comme le chef des Chiites. La coupole est recouverte de 7 777 briquettes d'or pur.
Le XXe siècle a vu fleurir les mausolées dédiés aux hommes politiques. Celui de Lénine, sur la place Rouge de Moscou, celui de Hô Chi Minh à Hanoi, au Vietnam, celui de Bourguiba à Monastir, en Tunisie.

« Le Taj Mahal s'élevait, semblable à une larme posée sur la joue du Temps. » Rabindranath Tagore, poète indien (1861-1941).

le Taj Mahal en chiffres

- **20 000** ouvriers et artisans ont travaillé sur le chantier de construction qui dure **20** ans (1632-1652).
- **1 000** éléphants utilisés pour transporter les matériaux nécessaires.
- Dimensions de la terrasse sur laquelle est élevé le mausolée : **58 m** de côté et **7 m** de haut.
- **28** types de pierres précieuses et semi-précieuses incrustées dans le marbre blanc : jade, turquoise, saphir, lapis-lazuli, corail, grenade, agate...
- **466** kg d'or employés dans la décoration.
- **18 m** : diamètre de la coupole s'élevant à **57 m** du sol.
- **4** minarets entourent l'immense plate-forme carrée (58 m de côté) sur laquelle est élevé le mausolée.

La légende du TAJ NOIR

On raconte que Shah Djahan a eu le projet de faire édifier son propre mausolée sur la rive opposée de la Yamunâ. Il aurait été bâti dans du marbre noir et aurait été la réplique symétrique du tombeau de son épouse, les deux bâtiments achevés ayant été reliés par un pont. Il semble que cette idée sans grand fondement soit née de l'imagination d'un joaillier français, Jean-Baptiste Tavernier, reçu plusieurs fois à la cour moghole. Selon lui, les travaux ne purent démarrer car l'empereur fut détrôné par son fils. Même si des fouilles entreprises ne révélèrent rien, la légende d'un Taj noir reste tenace.

L'orgueil des rois de France :

Le CHÂTEAU DE VERSAILLES

Un prodigieux rêve de pierre et de verdure établi sur un lieu peu enviable : un terrain marécageux battu par les vents. Louis XIII le choisit par passion de la chasse. Louis XIV y donne le spectacle de sa gloire et en fait un palais de fêtes qui ne cessera d'éblouir l'Europe jusqu'en 1789.

LA COUR DE MARBRE, VERSAILLES

LE CHÂTEAU DE VERSAILLES peut être considéré comme la perle du patrimoine français où l'histoire, la politique, l'architecture et les beaux-arts se mêlent avec une rare harmonie.

Cent ans de gloire

D'abord résidence de campagne, puis lieu de villégiature temporaire de la cour, Versailles devient en 1682 le palais royal permanent et le siège du gouvernement. **LOUIS XIV** met ainsi fin à des siècles de nomadisme pendant lesquels la cour, sans domicile fixe, séjourne, selon le bon vouloir du roi et au gré des saisons, de palais en château. Ce souverain est aussi le premier à transférer le centre du pouvoir hors de Paris et surtout celui qui entend exercer un pouvoir personnel. Versailles fait alors office de scène de théâtre où se joue et se construit la monarchie absolue.

LE ROI-SOLEIL orchestre quatre grandes campagnes de construction à partir de 1662. D'abord, il se contente d'un simple embellissement de l'édifice existant, mais charge le jardinier **LE NÔTRE** de concevoir un parc immense, avec une orangerie, une ménagerie… En 1668, l'architecte **LE VAU** doit réussir un tour de force : donner à la vieille bâtisse une « enveloppe » noble où la distribution des pièces et la circulation doivent être efficaces. Pour installer le gouvernement et accueillir la cour, **JULES HARDOUIN-MANSART** se voit confier dès 1678 d'importants travaux d'agrandissement : cours, ailes latérales, écuries et **GRANDE GALERIE** parée de glaces. Lors de la dernière étape, commencée en 1689, apparaissent la **CHAPELLE ROYALE** et le **TRIANON** reconstruit, lieu intime au nord du parc, où le roi entouré de quelques amis échappe pour un temps aux contraintes de l'étiquette réglant la vie de cour. Jusqu'en 1715, à la mort de Louis XIV, le lieu ne cessera jamais d'être transformé, même si son image est fixée pour la postérité. Les successeurs y font quelques ajouts. **LOUIS XV** fait élever par **GABRIEL** l'opéra et le **PETIT TRIANON**, tandis que l'épouse de Louis XVI, **MARIE-ANTOINETTE,** s'offre un caprice. Le **HAMEAU**, réplique d'un village bâti dans le cadre champêtre du parc, lui permet de jouer à la fermière avant que la révolution de 1789 n'éclate et que ne soient abolis la royauté et ses fastes.

L'appartement du roi

Cette partie aménagée par Hardouin-Mansart de 1682 à 1701 donne sur la cour de Marbre. Elle est composée d'antichambres, comme le salon de l'Œil-de-Bœuf, là où les courtisans attendent avant d'assister au lever et au coucher du souverain qui se déroulent dans la chambre du roi. Louis XIV s'y installe seulement à partir de 1701 et elle est orientée face au soleil levant. À côté se tient le Grand Cabinet où ministres, conseillers, ambassadeurs se réunissent autour du roi.

Versailles en chiffres

- **36 000** ouvriers et **6 000** chevaux par jour travaillent sur le chantier en **1685**, une des époques les plus intenses du chantier.
- **67 000 m²**: superficie du château comptant **2 000** pièces. Sa façade sur le parc a une longueur de **680 m**.
- **6 070** hectares: superficie totale du domaine de Versailles (dont **800** ha pour le parc) entouré d'un mur de **43 km** percé de **22** portes.
- **5 000** personnes logent au château en **1682**.
- **1 400** jets d'eau installés dans le parc.
- **357** miroirs dans la GRANDE GALERIE ou GALERIE DES GLACES, longue de **73 m**, large de **13 m** et haute de **12,50 m**.
- **225** pompes et **14** roues composent la «MACHINE DE MARLY» inventée pour alimenter le château et le parc en eau de Seine à raison de **5 000 m³** par jour.
- **1979**: date d'inscription au Patrimoine mondial de l'Unesco. Le site reçoit **5** millions de visiteurs par an.

▲ *Un des bâtiments du Hameau, une véritable ferme dans le parc du château créée pour Marie-Antoinette.*

▶ *Un des 50 bassins du parc.*

▲ *L'Orangerie.*

À LIRE !

Extrait de *Marie-Antoinette* de Stephan Zweig (1881-1942).

«Sans la moindre nécessité apparente, un immense château s'élève à cinq lieues de la capitale, en pleine campagne; ses centaines de fenêtres, donnant sur des canaux ingénieusement construits et des jardins tracés avec art, s'ouvrent sur l'espace. Aucun fleuve favorable au commerce ne coule ici, ni voies ni routes ne s'y croisent; purement accidentel, caprice pétrifié d'un grand seigneur, ce palais dresse sa splendeur, folle et inouïe, devant le regard étonné.»

Un écrin de verdure

Derrière le château se déploie un parc immense dont la structure correspond à l'architecture du palais et à l'image du roi absolu. Dans l'axe central, le **BASSIN D'APOLLON**, orné du dieu surgissant des flots sur son char pour éclairer la Terre, se prolonge par le **GRAND CANAL**. À l'avant, les jardins à la française s'organisent, selon les lois de la perspective et de l'optique chères à **LE NÔTRE**. La nature y est savamment ordonnée en symétrie: parterres dessinés en broderie et bosquets sont rythmés par des miroirs d'eau et des fontaines d'où jaillit l'eau en jets ou en cascades. C'est là, dans le ciel étoilé, qu'explosent les feux d'artifice donnés en apothéose lors de toutes les grandes fêtes royales. ●

L'art des jardins

Louis XIV est si fier de ses jardins qu'il rédige de sa main, entre 1689 et 1715, un guide intitulé *Manière de montrer les jardins*. À travers les pages, il invite les promeneurs à déambuler dans les longues allées, les cabinets de verdure, à admirer les perspectives ou les horizons boisés, à contempler statues, fontaines ou orangers en caisse. «On se tournera pour voir d'un coup d'œil tous les jets de Neptune et du Dragon», recommande-t-il.

La grotte d'Apollon

À chacun son Versailles

L'Europe est si éblouie par le château du Roi-Soleil et l'art de vivre de la cour que de nombreux souverains cherchent à l'imiter. On ne compte plus les palais qui s'inspirent de leur modèle français entre la fin du XVIIe et le XIXe siècle, qu'ils s'élèvent à Saint-Pétersbourg, à Tsarskoïe-Selo en Russie, à Stockholm en Suède, à Schönbrunn en Autriche ou à Dresde, Würtzburg, Herrenschiemsee en Allemagne.

Les merveilles CONTEMPORAINES...

Avec fougue et intrépidité, elles narguent les lois de la nature et défient les obstacles naturels. Elles montrent, grâce au recours de la technologie de plus en plus avancée, que les frontières de l'impossible peuvent être toujours repoussées.
Prouesses techniques mais aussi esthétiques, elles peuplent nos paysages de formes insolites.

Les AUDACES du XIXe siècle

LA TOUR EIFFEL

LES INGÉNIEURS NE CESSENT DE VANTER SES MÉRITES: souplesse, légèreté et surtout résistance. De quoi concurrencer les matériaux de construction existants, comme la pierre. Marié parfois avec le verre et la brique, le fer démontre sa supériorité dans l'édification de bâtiments vastes et fonctionnels exigés par la modernité : gares, marchés, usines, kiosques, grands magasins, pavillons d'exposition...

Lorsque les ossatures puissantes de fer lancent vers le ciel d'imposantes voûtes ou d'élégantes verrières, on reconnaît aussi à cette architecture métallique d'indéniables qualités esthétiques.

Les magiciens du fer

C'est à Paris – **BIBLIOTHÈQUE SAINTE-GENEVIÈVE DE LABROUSTE** (1848), **HALLES DE BALTARD** (1853) – et à Londres – **CRYSTAL PALACE** (1851), écrin de la première **EXPOSITION UNIVERSELLE** – qu'elle apparaît d'abord à travers des réalisations spectaculaires. Ces grandioses manifestations, où chaque pays est tenu de présenter ses productions industrielles et artistiques, donnent lieu à la surenchère dans la démesure. Il s'agit de frapper l'imagination de tous et de forcer l'admiration du monde entier. Ainsi, le **PALAIS DE L'INDUSTRIE,** édifié lors de l'Exposition à Paris en 1855, coiffé d'une immense verrière arrondie, est gigantesque... Moins grand toutefois que les halles de fer et de verre qui sont déployées lors de l'Exposition de 1878 à Paris. Mais rien n'égale, cependant, le clou de l'Exposition de 1889 célébrant le centenaire de la Révolution française, la tour haute de 300 mètres qui doit servir d'entrée triomphale. Elle est conçue par les ingénieurs de l'entreprise Gustave Eiffel, dont la réputation dépasse depuis longtemps les frontières. Véritable « magicien du fer », l'homme compte à son actif de multiples ouvrages métalliques : passerelles, ponts, viaducs, gares, coupoles... Au gré de ces réalisations faites avec des pièces préfabriquées en usine, ses techniques de construction sont savamment mises au point. L'une des plus prestigieuses est sans doute la **STATUE DE LA LIBERTÉ,** offerte par la France aux États-Unis en 1886. Haute de 46 mètres et destinée à l'île de Bedloe, au large de Manhattan à New York, elle est capable de résister aux vents les plus violents grâce à son châssis conçu par Eiffel comme une pile de pont. Celle-ci soutient l'enveloppe de la statue sculptée dans des plaques de cuivre par Auguste Bartholdi. Peu après, la tour auréole l'ingénieur Eiffel

L'intérieur du Crystal Palace, à Londres. Il est aujourd'hui détruit.

Les grands monuments du XIXe siècle en chiffres

- **2** ans, **2** mois et **5** jours : durée de construction de la TOUR EIFFEL (1887-1889).
- **8 857** tonnes : poids total de la TOUR EIFFEL.
- L'édifice, avec **6,7** millions de visiteurs chaque année, est le monument payant le plus visité au monde.
- **320 m** : hauteur actuelle de la tour, construite sur une base de **125 m** de côté.
- Son sommet oscille de **15 cm** les jours de grand vent.
- Tous les **7** ans, la tour est repeinte et nécessite **50** tonnes de peinture.
- **520 m** de longueur, **125 m** de largeur et **20 m** de hauteur : dimensions du CRYSTAL PALACE à Londres.
- **270 m** : longueur de la façade du PARLEMENT DE LONDRES, côté Tamise.
- **214** caisses contiennent les pièces détachées de la STATUE DE LA LIBERTÉ transportées à travers l'Atlantique.
- **350** plaques de cuivre de **2,5 mm** d'épaisseur constituent l'enveloppe de la statue de la Liberté.
- **44 m** : hauteur de la STATUE DE LA LIBERTÉ à New York. À **93 m** au-dessus de la mer s'élève la torche.

d'une gloire immense. Le 31 mai 1889, il hisse le drapeau français au sommet du monument le plus haut du monde, alors qu'à ses pieds, la foule en liesse s'apprête à l'escalader. Promise à la démolition, c'est l'invention de la TSF, l'ancêtre de la radio, qui lui permet de devenir une tour de télécommunications. Aujourd'hui ancrée au cœur de Paris, sa silhouette toujours aussi audacieuse continue de capter les regards et d'interpeller. ●

La flamme de la Liberté

Depuis son inauguration en 1886, *Miss Liberty* monte la garde au large de Manhattan. Offerte par la France aux États-Unis pour célébrer le centenaire de l'indépendance américaine, elle est vêtue d'une toge romaine, foule à ses pieds la chaîne de l'esclavage aboli et brandit la flamme de la liberté. Dès son érection, elle se présente comme le symbole du Nouveau Monde ; elle offre aux millions d'immigrants, qui l'aperçoivent avant d'accoster sur le continent, la promesse d'une vie meilleure.

Londres aussi

L'audace du Parlement de Londres (ou palais de Westminster) réside plus dans son gigantisme que dans son aspect rappelant le style gothique du Moyen Âge. Ce bâtiment, construit par Barry et Pugin entre 1836 et 1860, abrite les deux Chambres du Parlement britannique. Aux longues lignes horizontales de la façade soulignées par la Tamise répondent les lignes verticales des flèches et des tours, comme celle de Big Ben où l'horloge sonne imperturbablement chaque heure.

ÉTONNANT !

La tour Eiffel et ses copies

Dès 1894, la ville anglaise de Blackpool se dote d'une copie dont la hauteur est de 158 mètres. La *Tokyo Tower* fait la fierté de la ville depuis 1958 : son treillis métallique, peint en rouge et blanc, s'élève à 333 mètres de haut. Quant à la ville de Shenzen, en Chine, elle peut se vanter en 1993 d'accueillir la reproduction la plus fidèle, même si celle-ci n'atteint que 108 mètres.

Des voies de circulation :
PONTS et CANAUX

LE GOLDEN GATE

Les premiers relient, les autres séparent. Tous sont conçus et réalisés pour atteindre le même objectif : faciliter la circulation des hommes et des marchandises. La construction des ponts et des canaux a toujours représenté un défi technologique.

TRANSPORTER PLUS, PLUS VITE ET PLUS LOIN semble être la consigne de la révolution des transports qui accompagne l'industrialisation au XIXe siècle. En cette période de bouleversements, les réseaux de communication tissent leurs toiles à coups de tronçons et au prix de chantiers gigantesques.

D'une mer à l'autre

Les plus spectaculaires sont ceux qui exigent le percement de longues bandes de terre afin que des voies navigables soient ouvertes. Le **CANAL DE SUEZ** et le **CANAL DE PANAMA**, grands exploits de génie civil, permettent de raccourcir considérablement les distances. Tous deux construits à l'initiative du Français **FERDINAND DE LESSEPS**, l'un en 1859, l'autre à partir de 1880, ils révolutionnent le transport maritime international. En évitant aux bateaux la route du cap de Bonne-Espérance ou le détroit de Magellan pour atteindre l'Asie, ils rendent possible l'acheminement rapide de tonnages importants sur de longues distances et à bas prix.

La Porte d'Or

Les ponts et les viaducs doivent leur multiplication aux chemins de fer qui, au XIXe siècle, étirent leurs voies ferrées et les lancent à la conquête des territoires. Ils imposent des contraintes fortes : passer tout droit au-dessus des obstacles naturels – cours d'eau, ravins ou bras de mer – et respecter des délais de construction très courts. Par chance, l'utilisation du fer comme matériau de construction, la mise au point de l'acier et, plus tard, du béton armé viennent servir les besoins en ouvrages d'art.

Par la suite, surtout après 1950, les réseaux routiers et autoroutiers de plus en plus denses partent eux aussi à l'assaut des reliefs, au risque de transformer les paysages et de leur voler la vedette.

Souvent chefs-d'œuvre esthétiques, les ponts et les viaducs sont d'abord des prouesses techniques. Au XIXe siècle, le fer puis l'acier permettent de construire des ponts en arc, des ponts à poutres (comme celui traversant le golfe de Forth en Écosse, érigé entre 1882 et 1890 et soutenu par des armatures) ou des ponts suspendus. Leur tablier est suspendu aux piles par un système de câbles et ils ont une portée nettement supérieure aux autres types. Ainsi, le **GOLDEN GATE BRIDGE** (le « pont de la Porte d'Or ») étire avec fierté ses 2,700 kilomètres de long au-dessus de la baie de San Francisco, jusqu'à ce qu'il soit dépassé. Parmi les nombreux types de ponts métalliques, la structure à haubans semble, à l'heure actuelle, emporter la faveur des ingénieurs. C'est suivant cette technique que sont édifiés le pont **RION-ANTIRION**, en Grèce, et le **VIADUC DE MILLAU**, en France, œuvres

▲ *Le viaduc de Millau, France.*

majestueuses et aériennes détenant les records du monde de longueur et de hauteur. Les ponts en béton précontraint doivent leur résistance aux câbles d'acier coulés dans le matériau et fortement tendus. Ils sont composés d'éléments préfabriqués et montés tel un jeu de construction. Le **PONT DE MARACAIBO** au Venezuela, datant de 1962, et celui de **RIO NITEROI** au Brésil, construit en 1974, en sont de beaux exemples. ●

Canaux, ponts, viaducs en chiffres

- **1,5** million d'Égyptiens participent à la construction du CANAL DE SUEZ reliant la mer Méditerranée et la mer Rouge.
- **160 km** de long et **365 m** de largeur moyenne sont les dimensions du CANAL DE SUEZ.
- **81 km** : longueur du CANAL DE PANAMA reliant océan Atlantique et océan Pacifique.
- **8,20 m** : profondeur minimale de la voie maritime du SAINT-LAURENT, au Canada, capable d'accueillir des navires de haute mer entre l'océan Atlantique et les Grands Lacs.
- **6** écluses jalonnent le CANAL DE PANAMA.
- **2 883 m** : longueur du PONT RION-ANTIRION, pont à haubans le plus long du monde depuis 2004.
- **2 065 m** : longueur du PONT DE BROOKLYN, considéré comme le plus long pont suspendu du monde en 1883.
- **343 m** : hauteur du VIADUC DE MILLAU, en France, le plus haut pont à haubans du monde (alors que le ROYAL GORGE BRIDGE aux États-Unis, culminant à **321 m**, est le plus haut pont suspendu).

Tower Bridge

Il est des ponts indissociables de leurs villes, tels le Golden Gate de San Francisco ou celui de Brooklyn à New York. Tower Bridge, sur la Tamise, est un autre exemple; depuis la fin de sa construction (1884), il ne cesse d'étonner. À cause d'abord de son apparence gothique qui tient compte de la proximité avec la Tour de Londres. Surtout en raison de son étrange métamorphose qui change, de temps à autre, sa silhouette: c'est un pont mobile basculant surmonté de deux tours massives.

▲ *Le Tower Bridge à Londres. La passerelle basse du pont peut s'ouvrir pour laisser passer les grands bateaux.*

Le pont de Brooklyn, à New York. ▶ ▼

▲ *Le canal de Suez, percé en 1869, relie la mer Méditerranée à la mer Rouge.*

▲ *Le canal de Panama (Amérique centrale) inauguré en 1914, relie l'océan Atlantique à l'océan Pacifique.*

La dernière merveille grecque

Le pont grec Rion-Antirion, surnommé le pont de Poséidon (dieu grec de la mer et des tempêtes), nargue tous les ponts à haubans du monde puisque, avec sa longueur de 2883 mètres, il les surpasse tous. Enjambant le golfe de Corinthe, il s'élève avec une grande élégance jusqu'à 60 mètres au-dessus de la mer. Pour résister aux séismes fréquents dans cette région, il est équipé de béquilles métalliques qui libèrent le tablier en cas de secousses violentes. Celui-ci, pareil à une balancelle géante, serait alors suspendu aux 368 haubans du pont.

Un canal sur un pont

Lorsqu'un pont contient un cours d'eau navigable, il est appelé « pont-canal ». Jusqu'en 1993, celui de Briare, en France, détient le record du plus long pont-canal métallique du monde. Le long de ses 662 mètres, il permet le passage du canal latéral à la Loire au-dessus de la Loire. Construit à partir de 1890 par Mazoyer avec la participation d'Eiffel, il évoque, avec ses trottoirs, ses colonnes et ses rangées de lampadaires, le pont Alexandre III à Paris. Une curiosité que les péniches continuent d'emprunter!

TOURS et ÎLES ARTIFICIELLES

Comment gagner de nouveaux espaces dans des lieux surpeuplés : les grandes métropoles ou les pays à la topographie défavorable tel le Japon ? En partant à l'assaut du ciel, vieux rêve de Babel, ou en gagnant des terres sur les mers : deux défis que les architectes relèvent avec brio.

LES TOURS PETRONAS, KUALA LUMPUR

LA COURSE À LA HAUTEUR EST LANCÉE dès la fin du XIXe siècle dans les grandes villes américaines, à l'exemple de **CHICAGO** et de **NEW YORK**. Les édifices qui surgissent en barrant l'horizon sont si élevés qu'on les surnomme presque spontanément « gratte-ciel ». Ils s'imposent car leur édification est facilitée par trois facteurs : l'utilisation de l'acier qui permet la mise en place d'une ossature métallique supportant tout le poids de la construction et réduisant les murs à un rôle de remplissage ; le prix des terrains, si élevé qu'il oblige les constructeurs à exploiter la moindre surface au sol dont ils disposent ; l'invention de l'ascenseur par Elisha Otis (1851), qui rend les étages supérieurs accessibles sans effort.

Toujours plus haut !

Dès lors, les gratte-ciel, réservés d'abord à des bureaux, des grands magasins ou des hôtels, montent et n'en finissent plus de monter. Ils copient le style des cathédrales gothiques, des palais Renaissance et atteignent allègrement vingt, trente étages. Jusqu'à ce que l'**EMPIRE STATE BUILDING**, pareil à une gigantesque sculpture posée dans la ville de New York, pulvérise les records en 1931 en s'élançant à 381 mètres de haut. Désormais, les constructions en hauteur dictent l'urbanisme des villes où elles s'élèvent et leur multiplication s'accompagne d'un foisonnement créatif exceptionnel. De **LONDRES** à **HONG KONG**, de **LOS ANGELES** à **TOKYO**, des forêts de gratte-ciel disparaissent dans les nuages en arborant des formes étonnement variées. Certains affichent des façades nues, en verre, sortes d'écrans où se reflète la ville. D'autres s'inspirent de l'architecture antique en se dotant de colonnes et de frontons. Dans tous les cas, leur construction depuis les années 1970 est servie par la technologie du béton armé, moins coûteuse que celle de l'acier. Elle autorise des formes préfabriquées et répétées à l'infini, ce qui aboutit à l'empilement des étages sur des hauteurs vertigineuses. Ainsi l'homme, aujourd'hui, continue-t-il de poursuivre son rêve : construire toujours plus haut.

À l'assaut des mers

Il peut d'ailleurs être associé à celui de conquérir la mer. Depuis des décennies, les ingénieurs japonais sont partis à l'assaut des flots pour mettre en place des terres artificielles au service de l'industrie. Aujourd'hui, ces constructions surhumaines se généralisent. La plus grande partie de la ville de **FUKUOKA** s'étend sur des terres gagnées sur la mer. L'aéroport Kansai à **OSAKA**, ouvert depuis 1994, est édifié sur une île

À Dubaï (Émirats arabes unis), des îles artificielles aux formes suggestives sont destinées à accueillir des équipements touristiques.

artificielle capable de résister aux séismes et aux typhons. Comme la **TOUR MILLENNIUM,** qui serait édifiée dans la baie de Tokyo à quelques kilomètres de la côte, à une hauteur de... 840 mètres. Un projet aussi fou que ceux de **DUBAÏ**, où des programmes touristiques d'une ampleur sans précédent sont en cours de réalisation. Au large de l'**ÉMIRAT**, un ensemble d'îles (certaines décrivant la forme d'un palmier géant) émergent à la surface de l'eau pour abriter des hôtels, des villas et des marinas. . Objectif : 800 kilomètres de front de mer artificiel ! ●

Les tours les plus hautes du monde

- TAIPEI 101 (2004), Taipei, Taiwan .... **508 m**
- SHANGHAI WORLD FINANCE CENTER (2007), Shanghai, Chine .... **492 m**
- CN TOWER (1976), Toronto, Canada .... **457 m**
- PETRONAS TOWERS (1998) Kuala Lumpur, Malaisie .... **452 m**
- SEARS TOWER (1973) Chicago, États-Unis .... **442 m**
- JIN MAO TOWER (1998) Shanghai, Chine .... **421 m**
- TWO INTERNATIONAL FINANCE CENTER (2003) Hong Kong, Chine .... **415 m**

Les tours en projet

- BURJ-DUBAÏ (2008), Dubaï, Émirats arabes unis .... **705 m**
- FREEDOM TOWER (2010), New York, États-Unis .... **541 m**
- GUANGZHOU TWIN TOWERS (2010), Shanghai, Chine .... **515 m**

▲ *Empire State Building, New York.*

▲ *Sears Tower, Chicago.*

▲ *Chrysler Building, New York.*

À LIRE !

Jean-Paul Sartre, *Les Mots (1964).*

« Ces longues lignes tirées au cordeau m'ont donné soudain la sensation de l'espace... L'espace traverse N. York, l'anime, le dilate... Ville en mouvement... C'est une ville à ciel ouvert... Le ciel de New York est beau parce que les gratte-ciel le repoussent très loin au-dessus de nos têtes... C'est le ciel du monde entier. »

▲ *Vue aérienne de Manhattan, New York.*

▼ *Petronas Towers, Kuala Lumpur, Malaisie.*

L'Asie aussi

Aujourd'hui, la fièvre des gratte-ciel gagne les métropoles de l'Asie qui se livrent à une surenchère. On y compte la majorité des plus grandes tours du monde, notamment à Taiwan et en Chine, dans la province de Hong Kong. Là s'élèvent 6000 édifices de plus de 150 mètres de haut, qui placent la ville juste derrière New York en nombre de gratte-ciel. Signes de l'ambition économique triomphante, ces édifices surgissent dans les paysages en des temps record comme à Shanghai, engagée elle aussi dans la course à la hauteur.

Au Japon

Dans ce pays où 73 % de l'espace est occupé par les montagnes et où la population s'élève à plus de 130 millions d'habitants, la densité des territoires habités atteint des chiffres record. C'est pour répondre au manque crucial d'espace que le Japon s'est lancé depuis près de 50 ans à la conquête des terres nouvelles prises sur la mer. Cela représente des travaux colossaux, exigeant le déblaiement de millions de mètres cubes de sable et de rochers.

▼ *Le 11 septembre 2006, deux immenses rayons laser bleus célèbrent, dans le ciel de New York, le cinquième anniversaire des attentats.*

Tapei 101, à Taiwan, la plus haute tour du monde à ce jour. ▶

Symboles du modernisme, les gratte-ciel sont des géants fragiles. Ils peuvent être la cible d'attentats terroristes comme les fameuses Twin Towers de New York, qui s'écroulent en quelques minutes, le 11 septembre 2001, du haut de leurs 415 mètres. La tour de la Liberté, prévue pour 2010, doit être surmontée d'une flèche rappelant le bras de Miss Liberty brandissant sa torche non loin de là. Elle aura alors la hauteur totale de 415 mètres ou 1 776 pieds, un chiffre évoquant la date de la déclaration d'indépendance des États-Unis, symbole oblige.

Sous la terre et sous la mer : MÉTROS et TUNNELS

▲ *172 stations réparties sur 12 lignes et 280 km de voies. 7 millions de passagers par jour : le métro de Moscou est plus important que les réseaux de Londres et New York réunis !*

ON DOIT CES PROUESSES aux géologues, aux hydrologues et aux géotechniciens. Des ingénieurs qui permettent de mettre au point des techniques de forage sophistiquées et des machines capables de progresser dans la roche la plus dure.

Le tunnelier au travail

Il semble déjà loin le temps où le premier métro, construit à **LONDRES** en 1863, est tiré par des locomotives à vapeur ! Même s'il fait du bruit et surtout beaucoup de fumée, il apparaît comme la solution miracle à l'encombrement croissant des grandes villes. Commence alors, dans le sous-sol des grandes métropoles, un gigantesque travail de taupe. Tour à tour, **ISTANBUL**, **CHICAGO**, **BOSTON**, **VIENNE** et **PARIS** sont éventrés pour recevoir chacun leur chemin de fer métropolitain (adjectif d'où vient le mot « métro »). Tout au long du XXe siècle sont expérimentés des procédés de percement limitant les risques sans toutefois les éliminer complètement (affaissement du terrain, jaillissement ou infiltration de l'eau). Le métro de Paris, réalisé en 1900, utilise la méthode de la tranchée creusée à ciel ouvert. Les parois sont étayées avec des madriers, puis les voûtes sont construites et recouvertes. Dans les secteurs proches de la Seine, le procédé du caisson immergé, qui a fait ses preuves lors de la construction des fondations de la tour Eiffel, est employé. Une grande cloche étanche, faite de bois ou d'acier, est posée sur le sol avant que l'on y injecte de l'air comprimé destiné à chasser l'eau. Cette méthode est parfois complétée par la congélation du sol afin de le solidifier. Aujourd'hui, le creusement en profondeur, qui nécessite un abattage important de la roche, est effectué, selon sa dureté, par des explosifs placés dans le front de taille ou par un tunnelier, une machine à forer. D'un diamètre égal à la galerie à percer, ce monstre technologique broie dans le noir et rien ne peut l'arrêter ! Ses mâchoires armées de molettes et de pics en acier font éclater la terre ou la roche. Tandis que la tête fraiseuse fore en tournant autour de son axe sous l'effet d'une puissante poussée, à une vitesse de 8 à 10 mètres par jour. Au fur et à mesure de sa progression, le tunnelier évacue les déchets et met en place les voussoirs : des éléments qui, mis bout à bout, forment la paroi. Les métros les plus récents (Singapour en 1987, Athènes en 2000, ou l'extension du réseau de Madrid en 2003) utilisent cette technologie, comme d'ailleurs les tunnels sous-

Pendant les premières années du XXe siècle, un gigantesque chantier traverse Paris : le creusement du métro.

marins ou les derniers tunnels percés sous les montagnes. Les plus longs et ceux qui font l'objet des travaux les plus spectaculaires sont réservés aux trains. Ceux-ci nécessitent des rampes en pente douce ou déployant de grandes courbures. Le tunnel ferroviaire de **SEIKAN** bat le record mondial de longueur avec ses 53,800 kilomètres reliant les îles de Honshu et de Hokkaido au Japon. Il est suivi de près par le **TUNNEL SOUS LA MANCHE** qui a fait de la Grande-Bretagne une île arrimée au continent européen depuis 1994.

Tunnels en chiffres

- TUNNEL DE SEIKAN (tunnel sous-marin) Japon (1988) .... **53,800 km**
- TUNNEL SOUS LA MANCHE (tunnel sous-marin) France-Angleterre (1994) .... **50,500 km**
- TUNNEL DE DAI SHIMUZU Japon (1980) .... **22,200 km**
- TUNNEL DU SIMPLON (sous les Alpes) Suisse-Italie (1922) .... **19,800 km**

En construction :

- TUNNEL ALPIN DU SAINT-GOTHARD, Suisse achèvement prévu en 2015 .... **57 km**

En projet :

- TUNNEL DU DÉTROIT DE GIBRALTAR, Espagne-Maroc, date d'achèvement non connue .... **39 km**

Tunnels routiers

- TUNNEL LAERDAL, Norvège (2001), le tunnel routier le plus long du monde .... **24,500 km**
- TUNNEL DU SAINT-GOTHARD, Suisse (1980) .... **16,300 km**
- TUNNEL DE L'ARLBERG, Autriche (1978) .... **13,900 km**
- TUNNEL DE HSUEHSHAN, Taiwan (2006), le tunnel routier le plus long d'Asie .... **12,900 km**

Descendre à Komsomolskaya

Inauguré en 1935 par Staline, le métro de Moscou est conçu comme une vitrine du socialisme, et quelques-unes de ses stations ressemblent à de vastes galeries d'art souterraines. Komsomolskaya est la station la plus somptueuse. Du marbre clair recouvre le sol, les 72 colonnes et les murs. Des lustres géants descendent de son plafond voûté rehaussé de décorations en stuc évoquant des scènes de l'histoire soviétique. La station Plodchad Revolutsii débouche sur la place Rouge. Elle est décorée de 80 statues des grandes figures de la révolution russe.

À LIRE !

« Pour le petit Parisien, il existe un instant crucial, initiatique, c'est celui où, ayant compris le système de correspondances du métro, il contemple le petit rectangle de carton qui lui livre l'immense labyrinthe et avec lui toute la ville. »

Michel Tournier

Métros en chiffres

- **6,5 km** : longueur de la première ligne du métro de LONDRES en 1863.
- **30 km/h** : vitesse du métro de PARIS en **1900** reliant la porte de Vincennes à la porte de Neuilly.
- **3,2** milliards par an : c'est le nombre de passagers empruntant le MÉTRO DE MOSCOU, le plus fréquenté du monde. Il est suivi par ceux de TOKYO et de SÉOUL, en Corée du Sud.
- **70 000 m²** recouverts de plaques de marbre dans le métro de MOSCOU.
- **468** : nombre de stations de métro de NEW YORK, à ce titre le plus dense du monde.
- **13** métros dans les villes d'Amérique latine. Ils ont été tous construits depuis 1979.

◀ *Le Sydney Monorail, entré en activité en 1988, circule dans le quartier des affaires de la grande cité australienne.*

▲ *Le métro de Washington relie la capitale à ses banlieues du Maryland et de Virginie.*

Le « chantier du siècle »

C'est ainsi que l'on a appelé le tunnel sous la Manche qui, avant d'être construit, a fait l'objet de nombreux projets et tentatives. La France et le Royaume-Uni décident de s'associer pour le réaliser et, en 1994, il est achevé. Tracé à une profondeur de 40 mètres sous le lit de la Manche, il est composé de trois galeries. L'une réservée à la ligne ferroviaire Eurostar, la seconde utilisée par le Shuttle : navette ferroviaire transportant voitures, camions et autocars en 35 minutes d'une côte à l'autre. Elles sont toutes les deux reliées à la troisième, une galerie de service où, à chaque extrémité, est soufflé de l'air frais.

Des FORMES BOULEVERSÉES

LE REICHSTAG, BERLIN

Aujourd'hui, tout semble possible : coupoles, flèches, cylindres, surfaces planes, barres, pyramides, masses ondulantes ou déconstruites se conjuguent pour peupler nos paysages.

▲ *Capitale de l'Allemagne réunifiée, Berlin transforme ses anciens bâtiments. Depuis 1999, le Reichstag est surmonté d'un grand dôme en verre conçu par l'architecte anglais Norman Foster.*

L'ARCHITECTURE, UN ART EN PERPÉTUEL RENOUVELLEMENT, n'en finit jamais de rechercher de nouvelles formes et de créer un nouveau langage. Surgissent à l'horizon des bâtiments qui happent le regard : usines, immeubles de bureaux, églises, gares ou villes entières sorties de terre.

Rêves de créateurs

Au début du XXe siècle, le désir puissant de rompre avec la tradition et l'avènement du fer comme nouveau matériau de construction annoncent une révolution. Elle est entamée notamment par les artistes de l'Art nouveau qui exaltent leur imagination en valorisant l'ornementation où triomphe la ligne courbe. Avec audace et originalité, le Catalan **ANTONIO GAUDÍ** va plus loin. Il donne à ses constructions des formes étranges ou excentriques et ose élever en plein cœur de **BARCELONE** la **SAGRADA FAMILIA**, une cathédrale conçue telle une sculpture fantastique. Peu à peu, l'ornement est abandonné et l'utilisation de matériaux nouveaux, comme le verre associé à des armatures en fer ou le béton armé, stimule l'imagination des architectes. Sous l'impulsion de **WALTER GROPIUS, LE CORBUSIER** et **MIES VAN DER ROHE,** une architecture moderne standardisée s'impose. Elle fait triompher la ligne droite, la simplicité et la rigueur, et se veut fonctionnelle. **BRASÍLIA**, la nouvelle capitale du **BRÉSIL** construite de toutes pièces entre 1956 et 1960, illustre cette nouvelle tendance. Sur de vastes espaces, des parallélépipèdes de verre côtoient des toits blancs en surplomb. La coupole du Sénat répond à la coupe évasée de la Chambre des députés, et les piliers de la cathédrale évoquent la forme d'une couronne d'épines. Tous ces éléments composent un ensemble harmonieux fait de légèreté et de majesté. Ce purisme, appliqué à grande échelle aux vastes ensembles d'habitation après 1950, suscite de nombreuses critiques. On lui reproche sa monotonie et sa froideur. En réaction apparaît, dans les années 1980, une architecture postmoderniste. Elle valorise l'individualité, l'originalité, tout en revendiquant l'importance du décor, des couleurs et l'apport des styles successifs. Pendant que certains se réapproprient l'héritage architectural (comme l'Italienne **GAE AULENTI** opérant la reconversion de la **GARE D'ORSAY** à Paris en un musée consacré à l'art du XIXe siècle), d'autres continuent d'expérimenter. Les tenants du courant high-tech donnent au métal de nouvelles formes et de nouvelles fonctions. Et leurs réalisations prennent souvent l'allure de meccanos géants, comme les deux tours rivales de **HONG KONG** (tour de la Hong

Kong & Shanghai Bank, de **NORMAN FOSTER**, et tour de la Bank of China, due à **IEOH MING PEI**). D'autres débrident leur imagination pour exploiter les qualités du verre ou de la lumière, tel le Japonais **TOYO ITO**. À ce jour, personne ne semble être allé plus loin que l'Américain **FRANK GEHRY**, à la recherche de formes étranges et déconstruites. En utilisant le verre, l'acier inoxydable ou le titane, il conçoit les bâtiments comme des sculptures monumentales et parfois abstraites. À ce titre, le **WALT DISNEY CONCERT HALL** de Los Angeles annonce, en 1991, par son aspect spectaculaire les réalisations suivantes.

La cathédrale de la démesure

Après plus d'un siècle de travaux, cette incroyable construction pourrait être terminée, si tout va bien, en 2040. Elle est l'une des entreprises architecturales les plus folles du siècle dernier et actuel. À la mort d'Antonio Gaudí (1926), la future cathédrale dédiée à la Sainte Famille (Sagrada Familia) ne comporte que la crypte, quelques murs, une porte et une flèche. L'architecte conçoit son édifice comme une allégorie du christianisme. L'immense flèche symbolise le Christ. Elle surplombe les 17 autres évoquant les apôtres, Marie et les évangélistes.

Sagrada Familia

- **2** millions de visiteurs par an.
- **13 000** personnes : capacité d'accueil de l'édifice achevé.
- **95 m** de long sur **60 m** de large : dimensions prévues de l'édifice.
- **170 m** : hauteur de la plus haute flèche.
- **4** clochers au-dessus de l'entrée.

La maison sur la cascade

Frank Lloyd Wright (1867-1959), influencé par l'architecture japonaise traditionnelle, cherche à associer dans ses réalisations l'homme, le bâtiment, la nature. En 1936, il construit dans les bois de Pennsylvanie, aux États-Unis, une maison au-dessus d'une cascade. Avec ses terrasses qui se projettent vers l'extérieur et ses grandes ouvertures vitrées, le bâtiment semble aller à la rencontre de la nature et lui appartenir. Première œuvre d'une architecture écologique.

Brasília

- **1 200 km** : distance de RIO DE JANEIRO, l'ancienne capitale.
- **1 000** jours : durée de construction de la ville, entre 1956 et 1960.
- **350 m** : largeur de l'axe principal que les Brésiliens considèrent comme l'avenue la plus large du monde.
- **16** piliers en béton constituent l'armature de la cathédrale.
- **11** immeubles disposés en parallèle destinés aux ministères.
- **2** immeubles jumeaux en forme de H abritant le PARLEMENT. Par H, on entend Homme, Honneur, Honnêteté.

▼ *Brasília. La coupole du Sénat répond à la coupe évasée de la Chambre des députés.*

Brasília, une capitale futuriste

En un temps record (quatre ans), Brasília est sortie de la terre du haut plateau inhabité du Brésil central. Ses constructions monumentales, conçues par Oscar Niemeyer, s'inscrivent dans un plan qui évoque la forme d'un avion posé au bord d'un lac artificiel. Les deux ailes abritent les quartiers d'affaires et les quartiers d'habitation. Le fuselage, un axe de 6 kilomètres de long, est réservé aux bâtiments de l'administration et du gouvernement. Comment y vit-on ? Les grandes distances, la dispersion des édifices et la compartimentation des activités ne facilitent pas la vie des habitants, au nombre de 150 000 (40 000 prévus à l'origine).

Brasília. La cathédrale.

▲ *Charles-Édouard Jeanneret dit Le Corbusier (1881-1965).*

« L'architecture est le jeu savant, correct et magnifique de volumes assemblés sous la lumière. »

Le Corbusier

Une chapelle en béton

Matériau de prédilection de Le Corbusier, il permet d'obtenir une immense variété de formes, comme celle de *Notre-Dame-du-Haut* à Ronchamp, dans l'est de la France. Pour la construire (1950-1955), l'architecte se libère de ses schémas géométriques et réalise avec beaucoup de liberté cette chapelle qui semble glisser sur la colline tel un navire.

Brasília. Un pont.

Se divertir, se cultiver :

L'ARCHITECTURE du SPECTACLE

Elles donnent à voir : les manifestations sportives ou culturelles qui se tiennent à l'abri de leurs murs, les formes qu'elles exhibent, monumentales dans tous les cas, surprenantes, insolites et imaginatives parfois, invitent les foules à s'en approcher pour y vibrer et déchaîner leurs passions.

MUSÉE GUGGENHEIM DE BILBAO

STADES, OPÉRAS, MUSÉES OU CENTRES CULTURELS surgissent de plus en plus nombreux dans le paysage des métropoles. Question de prestige et question de société aussi, où les loisirs à la place grandissante ont besoin de lieux.

Géométries variables

Aux architectes de renom à qui leur conception est confiée, ces bâtiments imposent des contraintes : commodité des accès, circulation satisfaisante des flux, confort des spectateurs, bonne visibilité et acoustique irréprochable Des équations encore plus difficiles à résoudre lorsque les espaces doivent être modulables en fonction des représentations qui y sont données ou quand il s'agit de vastes centres dédiés à la culture, composés de bibliothèques, théâtres, salles de cinéma, auditorium, lieux d'exposition d'œuvres d'art. Enfin, il s'agit aussi de s'intégrer correctement dans le paysage urbain et l'environnement.

Les temples du sport

Les stades sont parmi les premiers édifices de loisir édifiés à partir de 1930, mobilisant la créativité des concepteurs. **PIER LUIGI NERVI** démontre avec brio, en construisant le stade de **FLORENCE** (1930) et celui de **ROME** (1959), les possibilités extraordinaires du béton armé. Par la suite, les textiles ou les structures tendues utilisées à la place des couvertures traditionnelles achèvent de bouleverser l'apparence des stades.

Le **STADE DE FRANCE**, proche de Paris, inauguré en 1998, a l'allure d'un vaisseau posé sur la ville, avec son immense lentille blanche suspendue à des mâts effilés. Il inspire la nouvelle génération des stades allemands qui s'élèvent dans le ciel en 2006.

Une symphonie de formes

Rien n'est plus étonnant, au moment où il s'élève, que l'**OPÉRA DE SYDNEY** en Australie. Dessiné par le Danois **JORN UTZON**, il se dresse depuis 1973 à l'entrée du port de la ville, projetant au ras de l'eau sa toiture étrange faite de coquilles de béton revêtues de céramique blanche, pareilles aux grandes voiles déployées d'un immense bateau... Dès lors, la silhouette de ce bâtiment à la splendeur magique est devenue l'icône incontestée de Sydney et du pays, voire du continent océanien. Le même sentiment de surprise est suscité par le **MUSÉE GUGGENHEIM** à **NEW YORK** (1959). **FRANK LLOYD WRIGHT** le conçoit comme une spirale de béton qui se déroule à l'image d'une coquille d'escargot. Effet magistral qui démontre la force de l'architecture. En 1977, **RENZO PIANO** et **RICHARD ROGERS** cherchent plutôt à produire un effet gai et ludique en construisant, au cœur de Paris, le **CENTRE NATIONAL**

D'ART ET DE CULTURE GEORGES-POMPIDOU qui se veut un emblème de la technologie moderne. Cette « usine culturelle », avec ses tuyaux colorés, ses boyaux d'escaliers roulants, lève un vent de controverses, tout comme le musée **GUGGENHEIM DE BILBAO**, signé en 1997 par l'inventif **FRANK GEHRY**. Celui-ci n'hésite pas à assembler des volumes aux formes tordues, ondulées, arrondies, recouvertes de pierre ou de feuilles de titane, pour créer un paysage chaotique, une cascade d'architecture. Le fruit d'une technologie de pointe et d'une imagination portée à ses plus extrêmes limites... ●

Musée Guggenheim New York, USA

- **400 m**: longueur de la rampe hélicoïdale intérieure desservant **4** niveaux.
- **6 000** œuvres exposées d'art contemporain.

Une colonie de coquillages, des magnolias géants, une baleine blanche échouée, une flottille de voiliers, des nuages blancs, un emboîtement de kiosques à musique, des œufs posés sur le sol aux coquilles fendues, un oiseau blanc, telles sont les images qu'inspire l'opéra de Sydney...

Opéra de Sydney

- **1** million de carreaux de céramique blanche disposés sur les couvertures.
- **6 223 m²** de vitres.
- **2 690** spectateurs: capacité de la plus grande salle, la salle de concert.
- **580** piliers de béton supportent l'édifice.
- **350 km** de câbles d'acier tendent les couvertures.
- **67 m** de hauteur maximum.
- **16 ans** : durée du chantier

Centre national d'art et de culture Georges-Pompidou

- **166 m** de long, **60 m** de largeur, **42 m** de hauteur.
- **5** étages. **6** espaces intérieurs modulés par des cloisons mobiles.

Les concepteurs du centre Pompidou de Paris ont cherché à faire un lieu vivant de rencontre et d'inspiration. Pour dégager le plus d'espace possible à l'intérieur, toutes les structures techniques (chauffage, aération, évacuation des eaux, alimentation électrique) ainsi que les couloirs et escaliers réservés à la circulation sont placés à l'extérieur. C'est pourquoi ses détracteurs l'appellent la « raffinerie ».

« Mon but est de donner le sentiment et l'esprit à la forme. »

Frank Gehry
(architecte du musée Guggenheim de Bilbao)

Par ses formes arrondies et son allure de cône renversé, le musée Guggenheim de New York, situé dans le quartier le plus prestigieux de la ville, sur la Cinquième avenue face à Central Park, contraste avec les gratte-ciel aux lignes géométriques barrant de toutes parts l'horizon.

Musée Guggenheim Bilbao, Espagne

- **24 000 m²**: superficie.
- **55 m**: hauteur de l'atrium, sorte de hall distribuant la circulation des visiteurs vers **19** galeries.
- **3** niveaux accessibles par des tours d'escaliers, des passerelles curvilignes et des ascenseurs vitrés.
- **0,5 mm** : épaisseur des panneaux de titane conçus pour durer **100** ans.

Stades nouvelle génération

Surnommé le « canot pneumatique », sa façade peut être éclairée de trois couleurs : blanc pour les matchs internationaux, rouge pour le Bayern de Munich et bleu pour les matchs du TSV 1860.

Les grands événements sportifs (jeux Olympiques, Coupe du monde de football, de rugby...) stimulent la rénovation ou la construction de stades. Parmi les stades élevés en Allemagne à l'occasion du Mondial 2006, celui de Munich est vraiment unique. Sa façade est faite de 2874 panneaux translucides en matériaux synthétiques qui sont gonflés. Chacun peut être éclairé individuellement. Ce qui constitue une toile de fond féerique le soir, quand se tiennent des matches.

L'ALLIANZ ARENA, MUNICH

Attention fragile :

Le PATRIMOINE mondial

Qu'elles aient été bâties par l'homme ou enfantées par dame Nature, les merveilles du monde subissent toutes sortes de menaces. Celles du temps, avec son lot de dégradations, celles des brusques colères de la terre, mais aussi celles des hommes...

UN DES BOUDDHAS GÉANTS DE BAMIYAN

ET APRÈS SON DYNAMITAGE EN 2001

LE TEMPS QUI PASSE EFFRITE LES PIERRES, SAPE LES MURS, redonne aux herbes folles leur liberté et fait perdre aux peintures leur éclat.

Un faisceau de menaces

Imprévisibles, les catastrophes naturelles, comme les éruptions volcaniques, les séismes, peuvent causer des dégâts irréparables. Ainsi, la **CITADELLE DE BAM** (Iran), construite en terre cuite aux premiers siècles de notre ère, s'écroule en décembre 2003 sous le coup de violentes secousses. Plus pernicieuses sont les évolutions lentes liées à la géologie ou au climat. **VENISE** s'enfonce inexorablement dans sa lagune. En raison de la montée du niveau des mers liée au réchauffement climatique, les **ATOLLS DES ÎLES MALDIVES** risquent d'être submergés. Mais, parfois, l'action humaine peut avoir des effets tout aussi ravageurs. Les conflits armés peuvent endommager gravement certains sites. En 1991, **DUBROVNIK**, en Croatie, subit des tirs d'artillerie : la plupart des toits de la ville et des sections de remparts volent en éclats. La guerre au Cambodge (1975-1989) livre au pillage le site d'**ANGKOR** et des mines antipersonnel truffent son sol. Que dire de la volonté délibérée des talibans d'Afghanistan de dynamiter les **STATUES GÉANTES REPRÉSENTANT BOUDDHA**, sculptées dans le grès des falaises au Ve siècle ? L'urbanisation sauvage plus banale défigure irrémédiablement les paysages et apporte son lot de pollutions. Comme une vague que rien n'arrête, la ville du Caire, en Égypte, ne cesse de s'étendre et atteint désormais le pied des **PYRAMIDES** ; celles-ci ont échappé in extremis à un projet de construction d'autoroute en 1995. Dans la ville de **ZABID** au Yémen, 40 % des maisons anciennes en briques de terre séchée ont été remplacées ces dernières années par des bâtiments en béton... Plus grave peut-être, le développement incontrôlé du tourisme de masse. Il permet le déplacement de millions de touristes aux quatre coins du monde et en des lieux donnés, notamment ceux dont la valeur universelle exceptionnelle est reconnue. **VENISE** reçoit 7 millions de visiteurs par an, le **CHÂTEAU DE VERSAILLES** en accueille 5 millions et **PÉTRA**, attirant 400 000 personnes par an, est menacée d'asphyxie !

▲ *Le pont de Mostar (Bosnie-Herzégovine), construit par les Ottomans en 1566, détruit lors de la guerre en 1993, reconstruit en 2004 et inscrit au Patrimoine de l'Unesco en 2005.*

Ce constat rend plus que jamais nécessaire la préservation de notre patrimoine mondial : une affaire à la fois individuelle et collective. C'est à ce titre que, depuis 1978, l'**UNESCO** répertorie dans le monde les biens culturels et naturels exceptionnels. Chaque année, la liste s'enrichit de nouveaux sites ; elle compte aujourd'hui plus de 830 lieux. Parmi eux, certains exigent une aide particulière car ils sont considérés comme « en péril ». En 2006, ils s'élèvent au nombre de 31. En Europe, les biens culturels sont valorisés lors de « journées du patrimoine ». Lancées d'abord en 1984 en France, elles se sont étendues à l'Europe. Ces jours-là, les monuments servent d'écrins à des spectacles, des ateliers, pour que le public ne soit pas seulement spectateur mais acteur du patrimoine de sa ville, de sa région et de son pays. ●

Encore des chiffres

- **940** millions de touristes prévus en 2010.
- **12** millions de visites lors de la JOURNÉE DU PATRIMOINE en France.
- **830** biens inscrits en 2006, dont **644** biens culturels, **162** biens naturels, **24** mixtes situés dans **138** États.
- **31** des **830** biens sont inscrits sur la liste du Patrimoine mondial en péril.
- **15 %** à **30 %** des espèces végétales et animales sont menacées de disparition d'ici 2050 en raison du réchauffement climatique.

Les bouddhas de Bamiyan

Le long de la route de la soie se sont dressées, pendant plus de quinze siècles, les statues de deux bouddhas géants hauts de 35 et 65 mètres. Jugées idolâtres par les extrémistes musulmans qui sont, en 2001, à la tête du gouvernement de l'Afghanistan, elles sont presque entièrement détruites à la suite d'un dynamitage froidement délibéré. L'Unesco s'efforce, avant d'envisager de restaurer le site, de consolider la falaise et les niches où se tenaient les sculptures.

La renaissance d'une merveille

Jusqu'en 2008, la célèbre galerie des Glaces de Versailles est en chantier pour la troisième fois depuis sa construction. La faible pente des toits, la condensation, l'utilisation des bougies ont dégradé fortement la décoration de cette pièce, « sorte de royale beauté unique au monde », selon la marquise de Sévigné. La voûte de 1000 m², couverte de peintures par Charles Le Brun, subit une complète remise en état, ainsi que les décors en stuc, les 257 miroirs, les marbres polychromes. Le parquet, d'une surface de 700 m², piétiné par des millions de visiteurs par an, a dû être totalement remplacé.

Le château de Neuschwanstein, Allemagne

Le Christ de Rio, Brésil

Patrimoine en péril

La vallée de l'Elbe à Dresde, les monuments médiévaux au Kosovo en Serbie, la ville de Coro et son port au Venezuela sont les derniers biens inscrits par l'Unesco sur la Liste du patrimoine en péril. D'autres y figurent depuis plusieurs années, comme la réserve de biosphère Rio Platano au Honduras, où l'on déplore une extraction massive de bois précieux, le caoba, ou cinq parcs nationaux en République démocratique du Congo. Là, le gorille des montagnes, le rhinocéros blanc et l'okapi sont des espèces particulièrement menacées.

Dubrovnik (Croatie).

Les 7 nouvelles merveilles du monde

Des millions de votes effectués via Internet vont permettre d'établir la liste des 7 nouvelles merveilles, parmi 21 retenues comme symboles des différentes civilisations, réparties sur les cinq continents. Le résultat sera connu le 7 juillet 2007. Les 21 merveilles en compétition sont :

- l'Acropole d'Athènes (Grèce)
- l'Alhambra de Grenade (Espagne)
- la cité d'Angkor (Cambodge)
- la pyramide de Chichen Itza (Mexique)
- la statue du Christ à Rio (Brésil)
- le Colisée de Rome (Italie)
- les statues de l'île de Pâques (Chili)
- la Tour Eiffel (France)
- la Grande Muraille (Chine)
- la basilique Sainte-Sophie d'Istanbul (Turquie)
- le temple Kiyomizu (Japon)
- le Kremlin et la place Rouge (Russie)
- le Machu Picchu (Pérou)
- le château Neuschwanstein (Allemagne)
- la cité de Pétra (Jordanie)
- les Pyramides de Giza (Égypte)
- la statue de la Liberté (États-Unis)
- le site de Stonehenge (Royaume-Uni)
- l'opéra de Sydney (Australie)
- le Taj Mahal (Inde)
- la ville de Tombouctou (Mali)

Pour voter : http://www.new7wonders.com/

Retrouvez toutes ces merveilles ainsi que des dizaines d'autres en photo panoramique à 360° sur le site : http://www.world-heritage-tour.org/

Mur d'Hadrien
Stonehenge
Bruges
Mont Saint-Michel
Tour Eiffe
Châteaux d
la Loire
Veni
Lascaux
Bilbao
Sagrada
Familia
Alhambra
Désert du
Sahara
Parc de
Yellowstone
Golden Gate
Bridge
Monument
Valley
Grand
Canyon
Mesa
Verde
Chutes
du Niagara
Statue
de la Liberté
Chichen
Itza
Tikal
Canal de
Panama
Sangay
Bassin de
l'Amazone
Machu
Picchu
Lac
Titicaca
Brasília
Rio de
Janeiro
Chutes
de l'Iguaçu
Île de
Pâques

Quelques merveilles et sites remarquables ●●●